AF277865

Cuerpo de Auxiliares Administrativos de la Administración Regional de Murcia

Diciembre 2025

Curso

*La diferencia entre aprobar
y sacar plaza*

Cuerpo de
Auxiliares Administrativos

ADMINISTRACIÓN REGIONAL DE MURCIA

Si aún no dispones de tu **Curso MAD360**, te ofrecemos un acceso GRATIS de 30 días para que disfrutes de los siguientes recursos:

- Técnicas de Memoria 360.
- MADTEST: Test *online* Nivel PRO.
- Temario en formato digital.
- Vídeos.
- Esquemas.
- Planificación de estudio.
- Foro entre opositores hasta la fecha del examen.*
- Recursos y novedades exclusivas.
- Consúltanos sobre tu oposición y proceso selectivo.
- Actualizaciones legislativas (Boletines Oficiales) hasta 60 días antes de la fecha del examen.*

Para acceder a esta prueba del Curso MAD360** será necesaria la compra de todos los libros para esta especialidad de la edición 2025.

Regístrate en **mad.es/iniciar-sesion** y en la pestaña MIS CURSOS valida los códigos que encuentras en la última página de tus libros.

NOTA IMPORTANTE:

* Examen de esta categoría profesional correspondiente a la convocatoria publicada en el BORM n.º 262, de 12 de noviembre de 2025, o hasta el 31 de diciembre de 2026, lo que se cumpla antes, y previa renovación del servicio.

** El acceso al CURSO MAD360 estará disponible desde diciembre de 2025 (algunos recursos podrían estar disponibles en fecha posterior). Tendrá una duración de 30 días RENOVABLES mediante pago, desde la validación de códigos, o hasta el 30 de junio de 2027, lo que se cumpla antes.

MAD se reserva el derecho a ampliar dichas fechas.

Cuerpo de Auxiliares Administrativos de la Administración Regional de Murcia

Test del temario

TERESA MARÍA TORRES FONSECA
Licenciada en Derecho

PATRICIA PÉREZ SÁNCHEZ-ROMATE
Licenciada en Derecho

CARLOS TOJEIRO ALCALÁ
Ingeniero Informático
Titulado MCP de Microsoft

© 7 Editores Recursos para la Cualificación Profesional y el Empleo, S.L. (7 Editores)
© Los autores
Primera edición, diciembre 2025 (164 páginas)
Derechos de edición reservados a favor de 7 Editores
IMPRESO EN ESPAÑA
Diseño Portada: 7 Editores
Edita: 7 Editores
Avda. San Francisco Javier, 9 · Edificio Sevilla 2 · Planta 11 · Módulos 25-27 · 41018 Sevilla
Teléfono: 954 784 411 · WEB: www.mad.es · e-mail: administracion@7editores.com
ISBN: 979-13-702-8303-2
© "Editorial Mad" y "Eduforma" son nombres comerciales registrados de
7 Editores Recursos para la Cualificación Profesional y el Empleo, S.L.

Índice

SEGUNDA PARTE

PRIMERA PARTE

TEST N.º 1

**Constitución Española de 1978: Título Preliminar.
Derechos y deberes fundamentales: Derechos y libertades;
Garantías y suspensión de derechos y libertades.
Control judicial de la Administración**

1. ¿En qué se fundamenta la Constitución Española?

a) En un Estado social y democrático de Derecho.
b) En la indisoluble unidad de la Nación española.
c) En la independencia de los poderes del Estado.
d) En la organización territorial del Estado.

2. Según el artículo 3 de la CE, el castellano es la lengua oficial del Estado y todos los Españoles:

a) Tienen el deber de usar y el derecho de conocer el castellano.
b) Tienen el derecho y el deber de conocer el castellano.
c) Tienen el deber de conocer y el derecho de usar el castellano.
d) Tienen el derecho de conocer y usar el castellano.

3. La Constitución Española reconoce y garantiza el derecho a la autonomía:

a) De las nacionalidades que la integran.
b) De las regiones que la integran.
c) De las Comunidades Autónomas que la integran.
d) De las nacionalidades y regiones que la integran.

4. El Preámbulo de la Constitución:

a) Tiene en sí carácter de norma jurídica.
b) Es una declaración de intenciones, destinada a interpretar lo que se quiere alcanzar con el contenido normativo de la Constitución.
c) Se trata de un texto sin fuerza jurídica de obligar.
d) Las respuestas b) y c) son correctas.

5. Señala la afirmación correcta, respecto de la aprobación, ratificación y publicación de la Constitución Española:

a) Aprobada por las Cortes el 31 de octubre de 1978, ratificada por el pueblo en referéndum el 6 de diciembre de 1978 y publicada el 29 de diciembre de 1978.
b) Aprobada por las Cortes el 30 de octubre de 1978, ratificada por el pueblo en referéndum el 16 de diciembre de 1978 y publicada el 27 de diciembre de 1978.
c) Aprobada por las Cortes el 31 de octubre de 1978, ratificada por el pueblo en referéndum el 16 de diciembre de 1978 y publicada el 29 de diciembre de 1978.
d) Aprobada por las Cortes el 10 de octubre de 1978, ratificada por el pueblo en referéndum el 26 de diciembre de 1978 y publicada el 30 de diciembre de 1978.

6. ¿En qué parte de la Carta Magna se establece la exposición de motivos que impulsan la norma constitucional y los objetivos que con ella se pretenden alcanzar?

a) En el Título preliminar.
b) En el Preámbulo.
c) En el Título I.
d) En el Título II.

7. La Constitución Española fue sancionada por:

a) El Rey.
b) El Presidente del Congreso.
c) Las Cortes Generales.
d) El Presidente del Gobierno.

8. ¿Cuáles de los siguientes españoles de origen pueden ser privados de su nacionalidad?

a) Exclusivamente los miembros de grupos terroristas.
b) Los miembros de grupos terroristas y los que atenten contra el Rey u otro miembro de la Casa Real.
c) Los que atenten contra un miembro de la Familia Real o del Gobierno de la Nación.
d) Ningún español de origen podrá ser privado de su nacionalidad.

9. Según la CE son fundamentos del orden político y la paz social:

a) La dignidad de la persona, los derechos violables que les son inherentes y el respeto a la ley.
b) La dignidad de la persona, el desarrollo limitado de la personalidad y el respeto a la ley.
c) El respeto a la ley, a los reglamentos administrativos y demás disposiciones legales.
d) La dignidad de la persona, los derechos inviolables que le son inherentes, el libre desarrollo de su personalidad, el respeto a la ley y a los derechos de los demás.

10. ¿Cuál de los siguientes es considerado por la CE como uno de los valores superiores del ordenamiento jurídico?

a) La jerarquía normativa.
b) El pluralismo político.

c) La publicidad normativa.
d) La equidad.

11. La forma política del Estado español es:

a) Democracia parlamentaria.
b) Gobierno parlamentario.
c) Monarquía parlamentaria.
d) República democrática.

12. La parte de la CE que regula la estructura de los principales órganos del Estado recibe el nombre de:

a) Parte dogmática.
b) Parte orgánica.
c) Parte estatal.
d) Parte estructural.

13. Según la CE, la soberanía nacional:

a) Corresponde a las Cortes Generales, al estar compuestas por los representantes del pueblo.
b) Corresponde al Rey.
c) Reside en el pueblo español.
d) Corresponde al Gobierno de la Nación elegido directamente por el pueblo.

14. El derecho a la propiedad según nuestra Constitución es un Derecho:

a) Inherente a la condición humana.
b) Absoluto.
c) Limitado por la función social de la misma.
d) Ninguna de las respuestas anteriores es correcta.

15. ¿En qué parte de la Carta Magna se señalan los valores superiores del ordenamiento jurídico?

a) En el Preámbulo.
b) En el Título Preliminar.
c) En el Título I.
d) Ninguna respuesta es correcta.

16. El plazo previsto por la Ley reguladora de la Jurisdicción Contencioso-Administra-tiva para interponer el recurso contencioso-administrativo contra un acto presunto es de:

a) Un mes.
b) Dos meses.
c) Seis meses.
d) Ninguno, al ser imposible atacar los actos presuntos en esta vía jurisdiccional.

17. La Jurisdicción Contencioso-Administrativa, en cuanto a la responsabilidad patrimonial de la Administración Pública cuando esta actúe como persona de Derecho privado:

a) Solo actúa subsidiariamente, tras la Jurisdicción Ordinaria.
b) Es plenamente competente.
c) Carece de competencia alguna.
d) Con carácter alternativo, a expensas del propio afectado, intervendrá.

18. El reconocimiento a una persona de la condición de parte en un proceso concreto deriva de su:

a) Capacidad procesal.
b) Legitimación.
c) Postulación.
d) Todo lo anterior.

19. La impugnación indirecta, en vía jurisdiccional, de un Reglamento, cuando previamente no se ha impugnado directamente:

a) Es perfectamente válida.
b) Solo se permite cuando incurra en nulidad de pleno derecho.
c) Está prohibida en nuestro ordenamiento jurídico.
d) Solo se admite cuando la efectúe la propia Administración Pública, tras declaración de lesividad.

20. La declaración de lesividad, a efectos del recurso contencioso-administrativo, se considera:

a) Diligencia preliminar.
b) Alegación previa.
c) Recurso previo.
d) Nada de lo anterior.

Solución al test n.º 1

1. b) En la indisoluble unidad de la Nación española.

2. c) Tienen el deber de conocer y el derecho de usar el castellano.

3. d) De las nacionalidades y regiones que la integran.

4. d) Las respuestas b) y c) son correctas.

5. a) Aprobada por las Cortes el 31 de octubre de 1978, ratificada por el pueblo en referéndum el 6 de diciembre de 1978 y publicada el 29 de diciembre de 1978.

6. b) En el Preámbulo.

7. a) El Rey.

8. d) Ningún español de origen podrá ser privado de su nacionalidad.

9. d) La dignidad de la persona, los derechos inviolables que le son inherentes, el libre desarrollo de su personalidad, el respeto a la ley y a los derechos de los demás.

10. b) El pluralismo político.

11. c) Monarquía parlamentaria.

12. b) Parte orgánica.

13. c) Reside en el pueblo español.

14. c) Limitado por la función social de la misma.

15. b) En el Título Preliminar.

16. c) Seis meses.

17. b) Es plenamente competente.

18. b) Legitimación.

19. a) Es perfectamente válida.

20. a) Diligencia preliminar.

TEST N.º 2

Estatuto de Autonomía de la Región de Murcia: Órganos institucionales. Régimen Jurídico. Reforma del Estatuto

1. El Estatuto de Autonomía de la Región de Murcia fue aprobado a través de la Ley:

a) Ley Orgánica 4/1982, de 9 de junio.
b) Ley Orgánica 2/1984, de 6 de septiembre.
c) Ley Orgánica 4/1984, de 6 de junio.
d) Ley Orgánica 2/1982, de 9 de septiembre.

2. ¿De cuántos artículos consta el Estatuto de Autonomía de la Región de Murcia?

a) 45 artículos.
b) 55 artículos.
c) 69 artículos.
d) 82 artículos.

3. ¿Qué título del Estatuto de Autonomía de la Región de Murcia se refiere a los órganos institucionales?

a) Título Preliminar.
b) Título I.
c) Título II.
d) Título III.

4. Según el artículo 2 del Estatuto de Autonomía de la Región de Murcia, los poderes de la Comunidad Autónoma emanan de la Constitución, del Estatuto de Autonomía, y de:

a) El pueblo.
b) La Asamblea Regional.
c) Las leyes.
d) El Tratado de la Unión Europea.

5. La Comunidad Autónoma de Murcia se organiza territorialmente en:

a) Municipios.
b) Municipios y comarcas.
c) Municipios y mancomunidades.
d) Entidades locales e institucionales.

6. La sede de la Asamblea Regional de Murcia está en la ciudad de:

a) Murcia.
b) Lorca.
c) San Javier.
d) Cartagena.

7. La Comunidad Autónoma de Murcia tiene la competencia exclusiva en materia de:

a) Régimen minero y energético.
b) Ordenación del sector pesquero.
c) Propiedad industrial.
d) Espectáculos públicos.

8. Según el artículo 19 del Estatuto de Autonomía, ¿puede la Región de Murcia establecer acuerdos de cooperación con otras Comunidades Autónomas?

a) Solo con las Comunidades Autónomas limítrofes, previa autorización de las Cortes Generales.
b) No, en ningún caso.
c) Sí, en cualquier caso, previa comunicación a las Cortes.
d) Sí, previa autorización de las Cortes Generales.

9. Según el artículo 23 del Estatuto de Autonomía, compete a la Asamblea Regional:

a) La formulación de proyectos de ley.
b) Nombrar al Presidente de la Comunidad Autónoma.
c) Interponer el recurso de inconstitucionalidad, contra leyes, disposiciones o actos con fuerza de ley del Estado que puedan afectar al ámbito de Autonomía para la Región.
d) Elaborar la Cuenta General de la Comunidad Autónoma.

10. La Asamblea Regional fijará por ley el número de sus miembros, que no será inferior a cuarenta y cinco diputados regionales ni superior a:

a) 50.
b) 55.
c) 60.
d) 65.

11. Las elecciones serán convocadas por el Presidente de la Comunidad Autónoma en los términos previstos en la Ley que regula el Régimen Electoral General, de manera que se realicen:

a) El cuarto domingo de mayo cada cuatro años.
b) El último domingo de mayo cada cuatro años.
c) El primer domingo de mayo cada cuatro años.
d) El segundo domingo de mayo cada cuatro años.

12. La Asamblea Regional se reunirá en dos períodos ordinarios de sesiones, comprendidos entre:

a) Enero y junio, el primero; y, septiembre y diciembre, el segundo.
b) Enero y mayo, el primero; y, septiembre y noviembre, el segundo.
c) Septiembre y diciembre, el primero; y, febrero y junio, el segundo.
d) Septiembre y enero, el primero; marzo y julio, el segundo.

13. Señala la opción incorrecta. El Presidente del Consejo de Gobierno no podrá acordar la disolución de la Asamblea:

a) Durante el primer período de sesiones de la legislatura.
b) Cuando se encuentre en tramitación una moción de censura.
c) Cuando se encuentre convocado un proceso electoral estatal.
d) Durante el primer año de su mandato.

14. La Asamblea Regional funciona:

a) En Pleno y en Comisiones.
b) En Grupos Parlamentarios.
c) En Pleno y en Mesas de Negociación.
d) En Pleno, en Mesa y en Junta de Portavoces.

15. ¿Cuál es el órgano supremo de la Asamblea Regional?

a) La Mesa.
b) El Presidente de la Asamblea.
c) El Pleno.
d) La Junta de Portavoces.

16. ¿Cuántos Diputados, como mínimo, son necesarios para constituirse en Grupo Parlamentario en la Asamblea Regional?

a) Dos.
b) Tres.
c) Cuatro.
d) Cinco.

17. Las leyes aprobadas por la Asamblea serán promulgadas por el Presidente de la Comunidad Autónoma en el plazo desde su aprobación, de:

a) 7 días.
b) 10 días.
c) 15 días.
d) 20 días.

18. Los decretos-leyes deberán ser convalidados o derogados por la Asamblea Regional después de un debate y votación de totalidad, en el plazo improrrogable desde su promulgación de:

a) 10 días.
b) 15 días.
c) 20 días.
d) 30 días.

19. Cuando su objeto sea la formación de textos articulados, la delegación legislativa deberá otorgarse mediante:

a) Una ley orgánica.
b) Una ley ordinaria.
c) Un decreto-ley.
d) Una ley de bases.

20. El Presidente de la Comunidad Autónoma es nombrado por:

a) El Rey.
b) La Asamblea Regional.
c) El Congreso de los Diputados.
d) El Presidente de la Asamblea Regional.

En MADTEST tienes **más preguntas de este tema,** y todos tus avances quedan registrados y se reflejan en el ranking.

¡Supera tus límites con MADTEST!

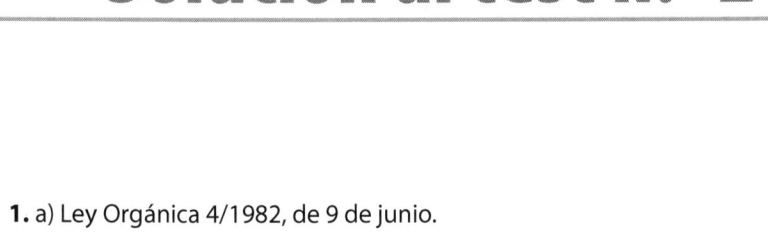

Solución al test n.º 2

1. a) Ley Orgánica 4/1982, de 9 de junio.

2. b) 55 artículos.

3. c) Título II.

4. a) El pueblo.

5. b) Municipios y comarcas.

6. d) Cartagena.

7. d) Espectáculos públicos.

8. d) Sí, previa autorización de las Cortes Generales.

9. c) Interponer el recurso de inconstitucionalidad, contra leyes, disposiciones o actos con fuerza de ley del Estado que puedan afectar al ámbito de Autonomía para la Región.

10. b) 55.

11. a) El cuarto domingo de mayo cada cuatro años.

12. c) Septiembre y diciembre, el primero; y, febrero y junio, el segundo.

13. d) Durante el primer año de su mandato.

14. a) En Pleno y en Comisiones.

15. c) El Pleno.

16. b) Tres.

17. c) 15 días.

18. d) 30 días.

19. d) Una ley de bases.

20. a) El Rey.

TEST N.º 3

**El Presidente. El Consejo de Gobierno de la Región de Murcia.
Los Consejeros. La Administración Pública de la Región de Murcia;
Régimen jurídico, organización y funcionamiento.
Administración institucional**

1. El Presidente de la Comunidad Autónoma es:

a) Nombrado por el Rey, mediante Ley de la Asamblea Regional.
b) Nombrado por el Presidente de la Asamblea Regional, a elección del Pleno de la Cámara de entre sus miembros.
c) Nombrado por el Rey, mediante Real Decreto.
d) Nombrado por la Asamblea Regional, de entre sus miembros, conforme al procedimiento establecido en el Estatuto de Autonomía de la Región de Murcia y en el Reglamento de la Cámara.

2. El Presidente de la Comunidad Autónoma:

a) Puede no ostentar ningún cargo representativo.
b) Puede ser diputado regional y estatal.
c) No puede ostentar ningún cargo representativo más que el de diputado regional.
d) Habrá de ser diputado regional y podrá ostentar la condición de senador.

3. Al comienzo de cada legislatura, tras la celebración de elecciones a la Asamblea Regional, y en los demás casos en que corresponda, el Presidente de la misma, previa consulta a los representantes designados por los grupos políticos con representación parlamentaria, propondrá un candidato a la Presidencia de la Comunidad Autónoma, y convocará a la Cámara para la celebración del Pleno de investidura y elección del Presidente de la Comunidad, en el plazo de:

a) 5 días.
b) 10 días.
c) 15 días.
d) 20 días.

4. La elección de Presidente de la Comunidad Autónoma, en primera convocatoria, requerirá el voto de los miembros de la Asamblea Regional por:

a) Mayoría absoluta.
b) Mayoría simple.
c) Mayoría de dos tercios.
d) Mayoría de tres quintos.

5. Si no resultara elegido el primer candidato propuesto, el Presidente de la Asamblea, formulará sucesivas propuestas en la forma anteriormente establecida, debiendo mediar entre cada convocatoria al menos:

a) 48 horas.
b) 5 días.
c) 10 días.
d) 15 días.

6. El Presidente de la Comunidad Autónoma ejercerá sus funciones desde la toma de posesión, que tendrá lugar en el plazo, a contar desde que se publique su nombramiento en el Boletín Oficial del Estado, de:

a) 3 días.
b) 5 días.
c) 7 días.
d) 10 días.

7. El capítulo IV del título I de la Ley 6/2004 señala como órganos de apoyo al Presidente de la Comunidad Autónoma:

a) La Secretaría Técnica y la Dirección General de Presidencia.
b) La Comisión de Subsecretarios y la Portavocía del Gobierno.
c) La Secretaría General de la Presidencia y el Gabinete de la Presidencia.
d) Las Vicepresidencias.

8. El titular de la Secretaría General de la Presidencia tendrá rango de:

a) Consejero.
b) Director General.
c) Subdirector General.
d) Jefe de Servicio.

9. A efectos de suplencia del Presidente de la Comunidad Autónoma, ¿cuál de los siguientes Consejeros tiene la primera posición en el orden de prelación?

a) Titular de la Consejería de Economía, Hacienda, Fondos Europeos y Transformación Digital.
b) Titular de la Consejería de Presidencia, Portavocía, Acción Exterior y Emergencias.

c) Titular de la Consejería de Educación y Formación Profesional.
d) Titular de la Consejería de Política Social, Familias e Igualdad.

10. El Consejo de Gobierno, reunido en sesión extraordinaria al efecto, a su propia instancia o a la del Presidente, podrá apreciar, que este se encuentra incapacitado, física o mentalmente, de forma transitoria, por acuerdo de:

a) La mayoría absoluta de sus miembros.
b) La mayoría simple de sus miembros.
c) Las cuatro quintas partes de sus miembros, excluido el Presidente.
d) La totalidad de sus miembros, excluido el Presidente.

11. El Presidente interino, por la suspensión por incapacidad del Presidente de la Comunidad Autónoma:

a) Podrá modificar el número, denominación y el orden de prelación de las consejerías.
b) Podrá ser sometido a moción de censura.
c) Podrá plantear la cuestión de confianza.
d) Podrá, en caso de cese de algún Consejero, encomendar el despacho de esa Consejería a otro Consejero dando cuenta de ello, por escrito, a la Asamblea Regional.

12. El Consejo de Gobierno se compone de:

a) El Presidente, el Vicepresidente, en su caso, y los consejeros.
b) La Presidencia y las Consejerías.
c) El Presidente, los consejeros y los órganos superiores de la Administración regional.
d) El Presidente, los Vicepresidentes, los consejeros, los órganos superiores de la Administración y los órganos directivos de la misma.

13. ¿Qué rango tendrá el titular del Gabinete del Presidente?

a) Consejero.
b) Director General.
c) Subdirector General.
d) Jefe de Servicio.

14. ¿Qué órgano tiene encomendadas las funciones de estudio y preparación de los asuntos sometidos a la deliberación del Consejo de Gobierno o de sus Comisiones Delegadas, emitiendo informes sobre los referidos asuntos?

a) El Gabinete de la Presidencia.
b) La Comisión de Secretarios Generales.
c) La Consejería de Presidencia, Portavocía, Acción Exterior y Emergencias.
d) La Comisión Delegada de Asuntos a tratar.

15. En el conjunto de los dos periodos de sesiones, ¿cuántos debates generales o monográficos sobre la acción política y de gobierno se podrán celebrar por iniciativa parlamentaria?

a) 1.
b) 2.
c) 3.
d) 4.

16. Las disposiciones del Gobierno regional que contengan legislación delegada recibirán el título de:

a) Decretos legislativos.
b) Decretos-leyes.
c) Leyes de bases.
d) Leyes de armonización.

17. En relación a la delegación legislativa de la Asamblea Regional en el Consejo de Gobierno, es cierto que:

a) Podrá concederse por periodo de tiempo indeterminado.
b) Deberá otorgarse, de manera expresa, para una materia concreta.
c) Su ejercicio corresponde al Consejo de Gobierno, que podrá delegarla en cualquiera de los consejeros.
d) Podrá entenderse que ha sido concedida de manera implícita.

18. En relación con los Reglamentos regionales, es cierto que:

a) Podrán tipificar delitos, faltas o infracciones administrativas.
b) Podrán establecer penas o sanciones.
c) Podrán establecer tributos, cánones u otras cargas o prestaciones personales o patrimoniales de carácter público.
d) Se ordenarán jerárquicamente según el respectivo orden de los órganos de que emanen.

19. Salvo que en ellas se disponga otra cosa, la entrada en vigor de las disposiciones de carácter general se producirá:

a) El mismo día de la publicación de su texto completo en el Boletín Oficial de la Región de Murcia.
b) Al día siguiente de la publicación de su texto completo en el Boletín Oficial de la Región de Murcia.
c) A los veinte días de la publicación de su texto completo en el Boletín Oficial de la Región de Murcia.
d) Al cabo de un mes de la publicación de su texto completo en el Boletín Oficial de la Región de Murcia y en el Boletín Oficial del Estado.

20. Los consejeros tendrán derecho a recibir el tratamiento de:

a) Excelencia.
b) Ilustrísima.
c) Señoría.
d) Magnífico.

En MADTEST tienes **más preguntas de este tema**, y todos tus avances quedan registrados y se reflejan en el ranking.

¡Supera tus límites con MADTEST!

Solución al test n.º 3

1. c) Nombrado por el Rey, mediante Real Decreto.

2. d) Habrá de ser diputado regional y podrá ostentar la condición de senador.

3. b) 10 días.

4. a) Mayoría absoluta.

5. a) 48 horas.

6. b) 5 días.

7. c) La Secretaría General de la Presidencia y el Gabinete de la Presidencia.

8. a) Consejero.

9. d) Titular de la Consejería de Política Social, Familias e Igualdad.

10. c) Las cuatro quintas partes de sus miembros, excluido el Presidente.

11. d) Podrá, en caso de cese de algún Consejero, encomendar el despacho de esa Consejería a otro Consejero dando cuenta de ello, por escrito, a la Asamblea Regional.

12. a) El Presidente, el Vicepresidente, en su caso, y los consejeros.

13. b) Director General.

14. b) La Comisión de Secretarios Generales.

15. c) 3.

16. a) Decretos legislativos.

17. b) Deberá otorgarse, de manera expresa, para una materia concreta.

18. d) Se ordenarán jerárquicamente según el respectivo orden de los órganos de que emanen.

19. c) A los veinte días de la publicación de su texto completo en el Boletín Oficial de la Región de Murcia.

20. a) Excelencia.

Régimen Jurídico del Sector Público: Ámbito de aplicación y principios generales. Derechos de los ciudadanos

1. Conforme al artículo 1 de la Ley 40/2015, ¿cuál de los siguientes es uno de sus objetivos?

a) Establecer los principios del sistema de responsabilidad de las Administraciones Públicas y de la potestad sancionadora.
b) Establecer la organización, funcionamiento y control de la Administración de la Comunidad Autónoma y de su sector privado empresarial.
c) Regular las bases del régimen jurídico e iniciativa legislativa de las Administraciones Públicas.
d) Organización y funcionamiento de la Administración General del Estado y de su sector público empresarial para el desarrollo de sus actividades.

2. Conforme al art. 2 de la Ley 40/2015, de entre los siguientes, ¿cuál no tiene consideración de Administración Pública?

a) La Administración General del Estado.
b) Las Entidades que integran la Administración Local.
c) Las Universidades Públicas.
d) Los organismos públicos y entidades de derecho público vinculados o dependientes de las Administraciones Públicas.

3. De acuerdo con el artículo 3 de la Ley 40/2015, las Administraciones Públicas sirven con objetividad los intereses generales y actúan de acuerdo con los principios de:

a) Eficacia, jerarquía, descentralización, desconcentración y coordinación, con sometimiento pleno a la Constitución y a la Ley.
b) Eficacia, jerarquía, transparencia, descentralización, desconcentración y coordinación, con sometimiento pleno a la Constitución, a la Ley y al Derecho.
c) Eficacia, jerarquía, descentralización, desconcentración y coordinación, con sometimiento pleno a la Constitución, a la Ley y al Derecho.
d) Eficacia, jerarquía, descentralización y coordinación, con sometimiento pleno a la Constitución, a la Ley y al Derecho.

4. De acuerdo con el artículo 3.1.d) de la Ley 40/2015, las Administraciones Públicas deberán respetar en su actuación y relaciones los siguientes principios:

a) Culpabilidad e irretroactividad.
b) Legalidad y *non bis in ídem*.
c) Buena fe, confianza legítima y lealtad institucional.
d) Proporcionalidad, seguridad jurídica y prescripción.

5. Establece la Ley 40/2015, de Régimen Jurídico del Sector Público, que las Administraciones Públicas deberán respetar en su actuación y relaciones una serie de principios. ¿Cuál de las siguientes opciones es incorrecta en relación con tales principios?

a) Planificación y dirección por objetivos y control de la gestión y evaluación de los resultados de las políticas públicas.
b) Eficiencia en la asignación y utilización de los recursos públicos.
c) Participación, subjetividad y transparencia de la actuación administrativa.
d) Todas son correctas.

6. Señala uno de los derechos que la Ley 39/2015, de 1 de octubre, del Procedimiento Administrativo Común de las Administraciones Públicas, reconoce a quienes tengan capacidad de obrar ante las Administraciones Públicas:

a) A la obtención y utilización de los medios de identificación y firma electrónica contemplados en la Ley 39/2015, de 1 de octubre.
b) A la protección de datos de carácter personal, y en particular a la seguridad y confidencialidad de los datos que figuren en los ficheros, sistemas y aplicaciones de las Administraciones Públicas.
c) A ser asistidos en el uso de medios electrónicos en sus relaciones con las Administraciones Públicas.
d) Todas las respuestas son correctas.

7. La Ley 39/2015, de 1 de octubre, del Procedimiento Administrativo Común de las Administraciones Públicas, reconoce a quienes tengan capacidad de obrar ante las Administraciones Públicas el derecho a comunicarse con las Administraciones Públicas a través de:

a) Un Punto de Acceso Rápido Telemático.
b) Un Punto Electrónico Central.
c) Un Punto Único Electrónico de contacto.
d) Un Punto de Acceso General electrónico de la Administración.

8. A menos que la naturaleza del documento exija otra forma más adecuada de expresión y constancia, las Administraciones Públicas deberán emitir los documentos administrativos:

a) Preferiblemente de forma verbal.
b) Por escrito, a través de medios electrónicos.

c) Verbal o en su defecto por escrito.

d) De cualquier forma que deje constancia de su recepción.

9. Indica cuál de los siguientes documentos electrónicos emitidos por las Administraciones Públicas no requieren de firma electrónica, aunque sí precisan identificar su origen:

a) Los documentos que formen parte de un expediente administrativo.

b) Los documentos que se publiquen con carácter sancionador.

c) Los documentos que se publiquen con carácter meramente informativo.

d) Todos los documentos electrónicos emitidos por una Administración Pública requieren de firma electrónica.

10. Para ser considerados válidos, los documentos electrónicos deben cumplir, entre otros, con el siguiente requisito:

a) Incorporar una referencia temporal del momento en que han sido emitidos.

b) Incorporar los metadatos mínimos exigidos.

c) Disponer de los datos de identificación que permitan su individualización, sin perjuicio de su posible incorporación a un expediente electrónico.

d) Todas las respuestas son correctas.

11. ¿Cuándo podrán los interesados solicitar la expedición de copias auténticas de los documentos públicos administrativos que hayan sido válidamente emitidos por las Administraciones Públicas?

a) Únicamente en la fase de audiencia.

b) Solo en la fase de prueba.

c) Siempre antes de la resolución del expediente administrativo.

d) En cualquier momento.

12. La solicitud de copias auténticas de los documentos públicos administrativos que hayan sido válidamente emitidos por las Administraciones Públicas se dirigirá al órgano que emitió el documento original, debiendo expedirse, salvo las excepciones derivadas de la aplicación de la Ley 19/2013, de 9 de diciembre, en el plazo de:

a) Un mes a contar desde la recepción de la solicitud en el registro electrónico de la Administración u Organismo competente.

b) Veinte días a contar desde la recepción de la solicitud en el registro electrónico de la Administración u Organismo competente.

c) Quince días a contar desde la recepción de la solicitud en el registro electrónico de la Administración u Organismo competente.

d) Diez días a contar desde la recepción de la solicitud en el registro electrónico de la Administración u Organismo competente.

13. Los documentos que los interesados dirijan a los órganos de las Administraciones Públicas podrán presentarse:

a) En las oficinas de Correos, en la forma que reglamentariamente se establezca.
b) En las representaciones diplomáticas u oficinas consulares de España en el extranjero.
c) En las oficinas de asistencia en materia de registros.
d) Todas las respuestas son correctas.

14. Señala la respuesta incorrecta respecto a la comparecencia de las personas:

a) La comparecencia de las personas ante las oficinas públicas, ya sea presencialmente o por medios electrónicos, solo será obligatoria cuando así esté previsto mediante Reglamento.
b) En los casos en que proceda la comparecencia, la correspondiente citación hará constar expresamente el lugar, fecha, hora, los medios disponibles y objeto de la comparecencia, así como los efectos de no atenderla.
c) Las Administraciones Públicas entregarán al interesado certificación acreditativa de la comparecencia cuando así lo solicite.
d) Todas las respuestas son incorrectas.

15. Señala cuál de los siguientes no es uno de los derechos de los interesados en un procedimiento administrativo, contemplados en el art. 53 de la Ley 39/2015, de 1 de octubre, del Procedimiento Administrativo Común de las Administraciones Públicas:

a) A conocer, en cualquier momento, el estado de la tramitación de los procedimientos en los que tengan la condición de interesados.
b) A no presentar documentos originales salvo que, de manera excepcional, la normativa reguladora aplicable establezca lo contrario.
c) A formular alegaciones, utilizar los medios de defensa admitidos por el Ordenamiento Jurídico, y aportar documentos en cualquier fase del procedimiento, que deberán ser tenidos en cuenta por el órgano competente al redactar la propuesta de resolución.
d) A actuar asistidos de asesor cuando lo consideren conveniente en defensa de sus intereses.

16. Señala la respuesta incorrecta:

a) Estarán obligados a relacionarse a través de medios electrónicos con las Administraciones Públicas para la realización de cualquier trámite de un procedimiento administrativo los notarios y registradores de la propiedad y mercantiles.
b) En los procedimientos tramitados por las Administraciones de las Comunidades Autónomas y de las Entidades Locales, el uso de la lengua se ajustará a lo previsto en la legislación nacional.
c) Cada Administración dispondrá de un Registro Electrónico General, en el que se hará el correspondiente asiento de todo documento que sea presentado o que se reciba en cualquier órgano administrativo, organismo público o entidad vinculado o dependiente a estos.

d) Las personas físicas podrán elegir en todo momento si se comunican con las Administraciones Públicas para el ejercicio de sus derechos y obligaciones a través de medios electrónicos o no, salvo que estén obligadas a relacionarse a través de medios electrónicos con las Administraciones Públicas.

17. ¿Quién puede obtener copias de documentos contenidos en un procedimiento que se esté tramitando?

a) Solo los interesados en él.
b) Cualquier ciudadano.
c) Nadie.
d) Solo otro órgano administrativo.

18. Si un interesado de una Comunidad Autónoma con lengua oficial específica se dirige a un órgano de la Administración General del Estado sito en su Comunidad, ha de hacerlo en:

a) Castellano necesariamente.
b) Su lengua oficial exclusivamente.
c) Cualquiera de las dos anteriores, a su opción.
d) La que se le indique por la citada Administración.

19. Las alegaciones y aportación de documentos por parte de un interesado en un procedimiento pueden realizarse:

a) En cualquier momento.
b) Antes del trámite de audiencia.
c) Inmediatamente antes de la prueba.
d) Solo cuando sea requerido al efecto por la Administración Pública actuante.

20. Los interesados en un procedimiento que conozcan datos que permitan identificar a otros interesados que no hayan comparecido en él:

a) Tienen el deber de proporcionárselos a la Administración actuante.
b) Pueden proporcionárselos a la Administración actuante, cuando lo estimen conveniente.
c) No tienen por qué aportarlos al procedimiento.
d) Solo tienen obligación de aportarlos cuando les proporcione un beneficio.

En MADTEST tienes **más preguntas de este tema**, y todos tus avances quedan registrados y se reflejan en el ranking.

¡Supera tus límites con MADTEST!

Solución al test n.º 4

1. a) Establecer los principios del sistema de responsabilidad de las Administraciones Públicas y de la potestad sancionadora.

2. c) Las Universidades Públicas.

3. c) Eficacia, jerarquía, descentralización, desconcentración y coordinación, con sometimiento pleno a la Constitución, a la Ley y al Derecho.

4. c) Buena fe, confianza legítima y lealtad institucional.

5. c) Participación, subjetividad y transparencia de la actuación administrativa.

6. d) Todas las respuestas son correctas.

7. d) Un Punto de Acceso General electrónico de la Administración.

8. b) Por escrito, a través de medios electrónicos.

9. c) Los documentos que se publiquen con carácter meramente informativo.

10. d) Todas las respuestas son correctas.

11. d) En cualquier momento.

12. c) Quince días a contar desde la recepción de la solicitud en el registro electrónico de la Administración u Organismo competente.

13. d) Todas las respuestas son correctas.

14. a) La comparecencia de las personas ante las oficinas públicas, ya sea presencialmente o por medios electrónicos, solo será obligatoria cuando así esté previsto mediante Reglamento.

15. c) A formular alegaciones, utilizar los medios de defensa admitidos por el Ordenamiento Jurídico, y aportar documentos en cualquier fase del procedimiento, que deberán ser tenidos en cuenta por el órgano competente al redactar la propuesta de resolución.

16. b) En los procedimientos tramitados por las Administraciones de las Comunidades Autónomas y de las Entidades Locales, el uso de la lengua se ajustará a lo previsto en la legislación nacional.

17. a) Solo los interesados en él.

18. c) Cualquiera de las dos anteriores, a su opción.

19. b) Antes del trámite de audiencia.

20. a) Tienen el deber de proporcionárselos a la Administración actuante.

TEST N.º 5

Disposiciones y actos administrativos: Disposiciones administrativas; Requisitos de los actos administrativos; Eficacia de los actos; Nulidad y anulabilidad

1. Los actos deben motivarse:

a) Siempre.
b) Nunca.
c) Cuando decidan un procedimiento.
d) Cuando la ley lo prescriba.

2. No tienen por qué motivarse los actos que:

a) Resuelvan recursos.
b) Limiten derechos subjetivos.
c) Se separen del dictamen de órganos consultivos.
d) Todos los anteriores deben motivarse.

3. En la notificación de todo acto administrativo no es necesario que conste siempre:

a) Su texto íntegro.
b) Los recursos que contra el mismo procedan.
c) Los motivos en que se basa la decisión.
d) El plazo de interposición de los recursos.

4. ¿En qué supuestos la notificación se hará por medio de un anuncio publicado en el Boletín Oficial del Estado?

a) Cuando se ignore el lugar de la notificación.
b) Cuando los interesados en un procedimiento sean conocidos.
c) Cuando intentada la notificación, no se hubiera podido practicar.
d) Las respuestas a) y c) son correctas.

5. Para que un acto tenga eficacia retroactiva es necesario que:

a) Limite derechos de los particulares.
b) Restrinja el ejercicio de facultades de los particulares.
c) Imponga deberes u obligaciones.
d) No se lesionen derechos de otras personas.

6. La presunción de legitimidad de los actos administrativos:

a) No admite prueba en contrario.
b) Dependerá de lo que el propio acto establezca.
c) Puede ser objeto de impugnación por el particular.
d) Solo se da cuando la ley expresamente lo diga.

7. Cuando la notificación se practique en el domicilio del interesado, de no hallarse presente, podrá hacerse cargo de la misma cualquier persona que se encuentre en el domicilio, haga constar su identidad y sea:

a) Mayor de catorce años.
b) Mayor de dieciséis años.
c) Mayor de dieciocho años.
d) Mayor de veintiún años.

8. Cuando el Delegado Provincial de una Consejería de una Comunidad Autónoma de una Provincia concreta resuelve un recurso administrativo en materia propia de la Delegación Provincial de otra Consejería de distinta Provincia, incurre en una incompetencia:

a) Funcional y jerárquica.
b) Territorial y jerárquica.
c) Funcional y territorial.
d) Territorial exclusivamente.

9. Cuando el acto administrativo presenta un vicio que no le hace incurrir en nulidad absoluta ni en anulabilidad, se considera:

a) Irregular.
b) Defectuoso.
c) Inválido.
d) Viciado.

10. Cuando la notificación por medios electrónicos sea de carácter obligatorio, se entenderá rechazada cuando:

a) Hayan transcurrido veinte días naturales desde la puesta a disposición de la notificación sin que se acceda a su contenido.
b) Hayan transcurrido diez días naturales desde la puesta a disposición de la notificación sin que se acceda a su contenido.

c) Hayan transcurrido diez días hábiles desde la puesta a disposición de la notificación sin que se acceda a su contenido.

d) Hayan transcurrido veinte días hábiles desde la puesta a disposición de la notificación sin que se acceda a su contenido.

11. Señala la respuesta incorrecta. Los actos administrativos serán objeto de publicación:

a) Cuando así lo establezcan las normas reguladoras de cada procedimiento.

b) Cuando lo aconsejen razones de interés público apreciadas por el órgano competente.

c) Cuando el acto tenga por destinatario a una pluralidad indeterminada de personas.

d) Siempre.

12. La notificación de un acto administrativo:

a) Suspende su eficacia hasta que se efectúe tratándose de actos generales.

b) No impide su ejecutividad una vez efectuada.

c) Suspende su eficacia una vez realizada.

d) Ha de hacerse con todo tipo de actos.

13. Los supuestos de nulidad absoluta de actos administrativos:

a) Son la regla general en nuestro Derecho.

b) Son los recogidos en el artículo 47 de la Ley 39/2015, de 1 de octubre, del Procedimiento Administrativo Común de las Administraciones Públicas, exclusivamente.

c) Pueden establecerse expresamente por una disposición con rango de ley.

d) Son solo los del artículo 47 citado y de otras leyes formales.

14. Los defectos formales en un acto, según reconoce expresamente la ley:

a) Lo vician con nulidad absoluta.

b) Lo vician con anulabilidad en todo caso.

c) Pueden dar lugar a la nulidad absoluta si producen indefensión.

d) Pueden dar lugar a la anulabilidad si producen indefensión.

15. La Administración Pública podrá convalidar un acto:

a) Si el vicio consiste en incompetencia jerárquica.

b) Si el vicio consiste en incompetencia funcional.

c) Si el vicio consiste en incompetencia territorial.

d) En ninguno de los anteriores casos.

16. La Administración Pública no podrá convalidar un acto si el vicio consiste en:

a) Incompetencia jerárquica.

b) La falta de una autorización.

c) Incompetencia funcional.

d) La omisión de un informe facultativo.

17. Señala la respuesta incorrecta. La eficacia del acto administrativo puede cesar definitivamente por:

a) El incumplimiento de la condición resolutoria a que pudiera estar sujeto.
b) El transcurso del plazo señalado en el acto, si estaba limitado en el tiempo.
c) La anulación o revocación del propio acto.
d) La desaparición de los presupuestos de hecho que motivaron que se dictase.

18. El procedimiento, que es la vía a través de la cual se elabora la declaración de voluntad, deseo, conocimiento o juicio de la Administración, en que consiste el acto, es un elemento del acto administrativo de tipo:

a) Objetivo.
b) Subjetivo.
c) Formal.
d) Accidental.

19. Serán motivados, con sucinta referencia de hechos y fundamentos de Derecho:

a) Los actos que se separen del criterio seguido en actuaciones precedentes o del dictamen de órganos consultivos.
b) Los actos que limiten derechos subjetivos o intereses legítimos.
c) Los actos que resuelvan procedimientos de revisión de oficio de disposiciones o actos administrativos, recursos administrativos y procedimientos de arbitraje y los que declaren su inadmisión.
d) Todas las respuestas son correctas.

20. Según pongan fin al expediente administrativo o formen parte del mismo, como una fase del mismo, sin tener carácter resolutivo, los actos administrativos se clasifican en:

a) Actos definitivos y actos de trámite.
b) Actos propios y actos impropios.
c) Actos básicos y actos de trámite.
d) Actos únicos y actos múltiples.

En MADTEST tienes **más preguntas de este tema,** y todos tus avances quedan registrados y se reflejan en el ranking.

¡Supera tus límites con MADTEST!

Solución al test n.º 5

1. d) Cuando la ley lo prescriba.

2. d) Todos los anteriores deben motivarse.

3. c) Los motivos en que se basa la decisión.

4. d) Las respuestas a) y c) son correctas.

5. d) No se lesionen derechos de otras personas.

6. c) Puede ser objeto de impugnación por el particular.

7. a) Mayor de catorce años.

8. c) Funcional y territorial.

9. a) Irregular.

10. b) Hayan transcurrido diez días naturales desde la puesta a disposición de la notificación sin que se acceda a su contenido.

11. d) Siempre.

12. b) No impide su ejecutividad una vez efectuada.

13. c) Pueden establecerse expresamente por una disposición con rango de ley.

14. d) Pueden dar lugar a la anulabilidad si producen indefensión.

15. a) Si el vicio consiste en incompetencia jerárquica.

16. c) Incompetencia funcional.

17. a) El incumplimiento de la condición resolutoria a que pudiera estar sujeto.

18. c) Formal.

19. d) Todas las respuestas son correctas.

20. a) Actos definitivos y actos de trámite.

TEST N.º 6

Iniciación, ordenación, instrucción y finalización del procedimiento administrativo

1. Señala qué recurso cabe contra el acuerdo de acumulación de procedimientos administrativos:

a) Recurso de alzada.
b) Recurso extraordinario de revisión.
c) Recurso de reposición, en el plazo de un mes.
d) Ningún recurso.

2. ¿Cuándo se iniciarán de oficio los procedimientos?

a) Por denuncia.
b) Por acuerdo del órgano competente.
c) Por propia iniciativa.
d) Todas las respuestas son correctas.

3. Señala la respuesta incorrecta respecto al inicio del procedimiento por denuncia:

a) Las denuncias deberán expresar la identidad de la persona o personas que las presentan y el relato de los hechos que se ponen en conocimiento de la Administración.
b) La presentación de una denuncia confiere, por sí sola, la condición de interesado en el procedimiento.
c) Cuando la denuncia invocara un perjuicio en el patrimonio de las Administraciones Públicas la no iniciación del procedimiento deberá ser motivada y se notificará a los denunciantes la decisión de si se ha iniciado o no el procedimiento.
d) Se entiende por denuncia el acto por el que cualquier persona, en cumplimiento o no de una obligación legal, pone en conocimiento de un órgano administrativo la existencia de un determinado hecho que pudiera justificar la iniciación de oficio de un procedimiento administrativo.

4. ¿En qué caso se podrá imponer una sanción sin que se haya tramitado el oportuno procedimiento?

a) En casos de urgente necesidad.
b) En situaciones excepcionales, como por ejemplo, situaciones de crisis sanitarias o epidemias.
c) Las respuestas a) y b) son correctas.
d) En ningún caso.

5. ¿Cuál de los siguientes datos no es necesario que figure en las solicitudes de iniciación del procedimiento por parte de los interesados?

a) Número de teléfono.
b) Hechos, razones y petición en que se concrete, con toda claridad, la solicitud.
c) Órgano, centro o unidad administrativa a la que se dirige y su correspondiente código de identificación.
d) Firma del solicitante o acreditación de la autenticidad de su voluntad expresada por cualquier medio.

6. Los documentos que los interesados dirijan a los órganos de las Administraciones Públicas podrán presentarse:

a) En las oficinas de Correos, en la forma que reglamentariamente se establezca.
b) En el registro electrónico de la Administración u Organismo al que se dirijan.
c) En las representaciones diplomáticas u oficinas consulares de España en el extranjero.
d) Todas las respuestas son correctas.

7. Los interesados solo podrán solicitar el inicio de un procedimiento de responsabilidad patrimonial, cuando no haya prescrito su derecho a reclamar. El derecho a reclamar prescribirá:

a) Al año de producido el hecho o el acto que motive la indemnización o se manifieste su efecto lesivo.
b) A los dos años de producido el hecho o el acto que motive la indemnización o se manifieste su efecto lesivo.
c) A los cinco años de producido el hecho o el acto que motive la indemnización o se manifieste su efecto lesivo.
d) Este derecho no prescribe.

8. ¿De acuerdo con qué principio se acordarán en un solo acto todos los trámites que, por su naturaleza, admitan un impulso simultáneo y no sea obligado su cumplimiento sucesivo?

a) Con el principio de oficialidad.
b) Con el principio de eficacia.

c) Con el principio de simplificación administrativa.

d) Con el principio de rapidez administrativa.

9. Salvo en el caso de que en la norma correspondiente se fije plazo distinto, los trámites que deban ser cumplimentados por los interesados deberán realizarse en el plazo de:

a) Siete días a partir del siguiente al de la notificación del correspondiente acto.

b) Diez días a partir del siguiente al de la notificación del correspondiente acto.

c) Quince días a partir del siguiente al de la notificación del correspondiente acto.

d) Un mes a partir del siguiente al de la notificación del correspondiente acto.

10. En cualquier momento del procedimiento, cuando la Administración considere que alguno de los actos de los interesados no reúne los requisitos necesarios, lo pondrá en conocimiento de su autor, concediéndole un plazo para cumplimentarlo:

a) De cinco días.

b) De siete días.

c) De diez días.

d) De veinte días.

11. Cuando la Administración no tenga por ciertos los hechos alegados por los interesados o la naturaleza del procedimiento lo exija, el instructor del mismo acordará la apertura de un período de prueba, a fin de que puedan practicarse cuantas juzgue pertinentes, por un plazo:

a) No superior a treinta días ni inferior a diez.

b) No superior a treinta días ni inferior a quince.

c) No superior a veinte días ni inferior a diez.

d) No superior a veinte días ni inferior a cinco.

12. Salvo disposición expresa en contrario, los informes serán:

a) Vinculantes.

b) Vinculantes y facultativos.

c) Facultativos y no vinculantes.

d) Nunca facultativos.

13. En el caso de los procedimientos de responsabilidad patrimonial será preceptivo solicitar informe al servicio cuyo funcionamiento haya ocasionado la presunta lesión indemnizable, no pudiendo exceder el plazo de su emisión de:

a) Diez días.

b) Quince días.

c) Veinte días.
d) Un mes.

14. ¿Cómo se denomina el conjunto ordenado de documentos y actuaciones que sirven de antecedente y fundamento a la resolución administrativa, así como las diligencias encaminadas a ejecutarla?

a) Dosier administrativo.
b) Acto administrativo.
c) Expediente administrativo.
d) Procedimiento administrativo.

15. Con arreglo al artículo 74 LPACAP, las cuestiones incidentales que se susciten en el procedimiento, incluso las que se refieran a la nulidad de actuaciones:

a) Suspenderán la tramitación del procedimiento.
b) No suspenderán la tramitación del procedimiento, salvo la recusación.
c) No suspenderán la tramitación del procedimiento en ningún caso.
d) Siempre que lo estime oportuno el instructor del procedimiento, y así lo motive suficientemente, suspenderá la tramitación del procedimiento.

16. ¿Cuándo podrán los interesados aducir alegaciones y aportar documentos u otros elementos de juicio?

a) En cualquier momento.
b) En cualquier momento del procedimiento posterior al trámite de audiencia.
c) En cualquier momento del procedimiento anterior al trámite de audiencia.
d) Únicamente cuando lo autorice el instructor del procedimiento.

17. Señala la respuesta incorrecta respecto a los medios y período de prueba:

a) El instructor del procedimiento solo podrá rechazar las pruebas propuestas por los interesados cuando sean manifiestamente improcedentes o innecesarias, sin necesidad de resolución motivada.
b) En los procedimientos de carácter sancionador, los hechos declarados probados por resoluciones judiciales penales firmes vincularán a las Administraciones Públicas respecto de los procedimientos sancionadores que substancien.
c) Cuando la prueba consista en la emisión de un informe de un órgano administrativo, organismo público o Entidad de derecho público, se entenderá que este tiene carácter preceptivo.
d) Cuando la valoración de las pruebas practicadas pueda constituir el fundamento básico de la decisión que se adopte en el procedimiento, por ser pieza imprescindible para la correcta evaluación de los hechos, deberá incluirse en la propuesta de resolución.

18. Cuando lo considere necesario, el instructor, a petición de los interesados, podrá decidir la apertura de un período extraordinario de prueba por un plazo:

a) No superior a diez días.
b) No superior a quince días.
c) No superior a veinte días.
d) No superior a un mes.

19. Salvo que una disposición o el cumplimiento del resto de los plazos del procedimiento permita o exija otro plazo mayor o menor, los informes serán emitidos en el plazo de:

a) Diez días.
b) Quince días.
c) Veinte días.
d) Un mes.

20. ¿De qué plazo disponen los interesados para alegar y presentar los documentos y justificaciones que estimen pertinentes?

a) De un plazo no inferior a cinco días ni superior a diez.
b) De un plazo no inferior a diez días ni superior a quince.
c) De un plazo no inferior a diez días ni superior a veinte.
d) De un plazo no inferior a diez días ni superior a un mes.

Solución al test n.º 6

1. d) Ninguno de los recursos anteriores.

2. d) Todas las respuestas son correctas.

3. b) La presentación de una denuncia confiere, por sí sola, la condición de interesado en el procedimiento.

4. d) En ningún caso.

5. a) Número de teléfono.

6. d) Todas las respuestas son correctas.

7. a) Al año de producido el hecho o el acto que motive la indemnización o se manifieste su efecto lesivo.

8. c) Con el principio de simplificación administrativa.

9. b) Diez días a partir del siguiente al de la notificación del correspondiente acto.

10. c) De diez días.

11. a) No superior a treinta días ni inferior a diez.

12. c) Facultativos y no vinculantes.

13. a) Diez días.

14. c) Expediente administrativo.

15. b) No suspenderán la tramitación del procedimiento, salvo la recusación.

16. c) En cualquier momento del procedimiento anterior al trámite de audiencia.

17. a) El instructor del procedimiento solo podrá rechazar las pruebas propuestas por los interesados cuando sean manifiestamente improcedentes o innecesarias, sin necesidad de resolución motivada.

18. a) No superior a diez días.

19. a) Diez días.

20. b) De un plazo no inferior a diez días ni superior a quince.

TEST N.º 7

Revisión de los actos en vía administrativa. Responsabilidad de las autoridades y personal al servicio de las Administraciones Públicas

1. El recurso de alzada contra actos que no agotan la vía administrativa es:

a) Extraordinario.
b) La regla general.
c) Especial.
d) Inexistente.

2. La *reformatio in peius*, en materia de recursos:

a) Se admite como regla general.
b) Solo se permite en materia sancionadora.
c) Se admite cuando el recurso está claramente infundado.
d) Está expresamente prohibida.

3. Cuando hayan de tenerse en cuenta nuevos hechos o documentos no recogidos en el expediente originario, se pondrán de manifiesto a los interesados para que formulen las alegaciones que estimen procedentes, en un plazo:

a) No inferior a diez días ni superior a quince.
b) De veinte días.
c) No inferior a cinco días ni superior a veinte.
d) De treinta días.

4. La resolución de un recurso:

a) Debe circunscribirse a lo solicitado por el recurrente.
b) Resolverá cuantas cuestiones se deduzcan del expediente.
c) No es necesario que se motive.
d) Debe aceptar las razones en que se fundamente el propio recurso.

5. Si el acto fuera expreso, el plazo para la interposición del recurso de reposición será de:

a) Tres meses.
b) Diez días.
c) Quince días.
d) Un mes.

6. El recurso de alzada contra actos que no agotan la vía administrativa es:

a) Extraordinario.
b) La regla general.
c) Especial.
d) Inexistente.

7. El recurso de reposición contra actos que no agotan la vía administrativa es:

a) Ordinario.
b) Extraordinario.
c) Especial.
d) Inexistente.

8. La resolución presunta del recurso de alzada se dará, si no recae resolución, al/a los:

a) Quince días de interponerlo.
b) Mes de su interposición.
c) Tres meses desu interposición.
d) En cualquier momento a partir del día siguiente a aquel en que, de acuerdo con su normativa específica, se produzcan los efectos del silencio administrativo.

9. El silencio administrativo en el recurso de alzada puede ser positivo en el siguiente caso:

a) Cuando el recurso se presentó contra un acto presunto desestimatorio de la solicitud del ciudadano.
b) Cuando perjudique al ciudadano.
c) Siempre que beneficie al interés público.
d) En ningún supuesto es positivo.

10. Para plantear un recurso administrativo:

a) Hay que tener capacidad jurídica, sin requerirse la capacidad de obrar.
b) Basta con la capacidad de obrar.
c) Se requiere, siempre, ser titular de un derecho subjetivo afectado por el acto que se recurre.
d) Puede hacerlo quien ostente la condición de interesado.

11. Cuando una persona interpone un recurso de alzada denominándolo como recurso de revisión:

a) Deberá desestimarse el recurso por improcedente.
b) Deberá notificársele el error para que lo subsane.
c) No se admitirá el recurso.
d) Deberá resolverse, si del propio recurso se deduce su carácter.

12. Como consecuencia del principio de congruencia, al resolver un recurso, la Administración Pública:

a) Podrá agravar la situación inicial del recurrente.
b) Deberá ajustarse a las peticiones del recurrente.
c) Lo desestimará, manteniendo el acto administrativo.
d) Solo decidirá sobre las cuestiones planteadas por el recurrente sin entrar en otras que deriven del procedimiento.

13. Entre los límites de la revisión de los actos administrativos se encuentra:

a) La prescripción de la acción.
b) Su ilegalidad manifiesta.
c) Que atente a derechos subjetivos.
d) Que incurra en nulidad de pleno derecho.

14. El recurso de revisión es:

a) Unitario.
b) Ordinario.
c) Especial.
d) Extraordinario.

15. Contra los actos dictados por un Tribunal de Oposiciones:

a) No cabe recurso alguno.
b) Puede presentarse recurso de alzada ante su Presidente.
c) El recurso de alzada debe entablarse ante la autoridad que nombró al Presidente.
d) Solo es posible el recurso de revisión.

16. ¿Qué artículo de la Carta Magna dispone que «nadie podrá ser privado de sus bienes y derechos sino por causa justificada de utilidad pública o interés social, mediante la correspondiente indemnización y de conformidad con lo dispuesto por las Leyes»?

a) El artículo 19.3.
b) El artículo 30.1.

c) El artículo 33.3.
d) El artículo 47.1.

17. ¿A quién corresponde fijar el importe de las indemnizaciones que proceda abonar cuando el Tribunal Constitucional haya declarado, a instancia de parte interesada, la existencia de un funcionamiento anormal en la tramitación de los recursos de amparo o de las cuestiones de inconstitucionalidad?

a) Al Presidente del Gobierno.
b) Al Consejo de Estado.
c) Al Consejo de Ministros.
d) A la persona titular del Ministerio de Hacienda y Función Pública.

18. En el procedimiento para la exigencia de la responsabilidad patrimonial de las autoridades y personal al servicio de las Administraciones Públicas se establecerá un plazo para la práctica de las pruebas admitidas y cualesquiera otras que el órgano competente estime oportunas, de:

a) Siete días.
b) Diez días.
c) Quince días.
d) Veinte días.

19. Señala la respuesta incorrecta:

a) Solo serán indemnizables las lesiones producidas al particular provenientes de daños que este no tenga el deber jurídico de soportar de acuerdo con la Ley.
b) La exigencia de responsabilidad penal del personal al servicio de las Administraciones Públicas no suspenderá los procedimientos de reconocimiento de responsabilidad patrimonial que se instruyan, salvo que la determinación de los hechos en el orden jurisdiccional penal sea necesaria para la fijación de la responsabilidad patrimonial.
c) No son indemnizables los daños que se deriven de hechos o circunstancias que no se hubiesen podido prever o evitar según el estado de los conocimientos de la ciencia o de la técnica existentes en el momento de producción de aquellos, sin perjuicio de las prestaciones asistenciales o económicas que las leyes puedan establecer para estos casos.
d) El artículo 24.1 LPACAP señala que el silencio tendrá efecto estimatorio en los procedimientos de responsabilidad patrimonial de las Administraciones Públicas.

20. El derecho a ser indemnizados por toda lesión que sufran en sus bienes y derechos como consecuencia del funcionamiento normal o anormal de los servicios públicos se reconoce a:

a) Los particulares.
b) Las personas jurídicas.

c) Los ciudadanos.
d) Las Administraciones.

En MADTEST tienes **más preguntas de este tema**, y todos tus avances quedan registrados y se reflejan en el ranking.

¡Supera tus límites con MADTEST!

Solución al test n.º 7

1. b) La regla general.

2. d) Está expresamente prohibida.

3. a) No inferior a diez días ni superior a quince.

4. b) Resolverá cuantas cuestiones se deduzcan del expediente.

5. d) Un mes.

6. b) La regla general.

7. d) Inexistente.

8. c) Tres meses de su interposición.

9. a) Cuando el recurso se presentó contra un acto presunto desestimatorio de la solicitud del ciudadano.

10. d) Puede hacerlo quien ostente la condición de interesado.

11. d) Deberá resolverse, si del propio recurso se deduce su carácter.

12. b) Deberá ajustarse a las peticiones del recurrente.

13. a) La prescripción de la acción.

14. d) Extraordinario.

15. c) El recurso de alzada debe presentarse ante la autoridad que nombró al Presidente.

16. c) El artículo 33.3.

17. c) Al Consejo de Ministros.

18. c) Quince días.

19. d) El artículo 24.1 LPACAP señala que el silencio tendrá efecto estimatorio en los procedimientos de responsabilidad patrimonial de las Administraciones Públicas.

20. a) Los particulares.

TEST N.º 8

Estatuto Básico del Empleado Público: Objeto, ámbito de aplicación y tipos de personal. Ley de Función Pública de la Región de Murcia: Objeto y ámbito de la Ley. Adquisición y pérdida de la condición de funcionario. Situaciones administrativas. Derechos, deberes, incompatibilidades y responsabilidades de los funcionarios

1. De qué forma se aprobó la vigente Ley del Estatuto Básico del Empleado Público:

a) Por una Ley Orgánica.
b) Mediante un Texto Refundido.
c) Mediante una Ley de Bases.
d) Por un Real Decreto-Ley.

2. El EBEP contiene:

a) Aquello que es común al conjunto de los empleados públicos de todas las Administraciones Públicas.
b) Las normas legales específicas aplicables a los empleados públicos de todas las Administraciones Públicas.
c) Aquello que es común al conjunto de los funcionarios de todas las Administraciones Públicas, más las normas legales específicas aplicables al personal laboral a su servicio.
d) Aquello que es común al conjunto del personal laboral de todas las Administraciones Públicas, más las normas legales específicas aplicables al personal funcionario a su servicio.

3. Se regirá por la legislación específica dictada por el Estado y por las comunidades autónomas en el ámbito de sus respectivas competencias y por lo previsto en el EBEP, excepto el capítulo II del título III (salvo el artículo 20), y los artículos 22.3, 24 y 84:

a) El personal funcionario de las Universidades Públicas.
b) El personal funcionario y en lo que proceda el personal laboral al servicio de las Administraciones de las entidades locales.

c) El personal estatutario de los servicios de salud.

d) El personal funcionario y laboral al servicio de las Administraciones de las comunidades autónomas.

4. Las disposiciones del EBEP sólo se aplicarán directamente cuando así lo disponga su legislación específica al siguiente personal:

a) El personal funcionario de las entidades locales.

b) El personal estatutario de los Servicios de Salud.

c) Personal de las Fuerzas y Cuerpos de Seguridad.

d) El personal docente.

5. El artículo 8 del Texto Refundido de la Ley del Estatuto Básico del Empleado Público, aprobado por el Real Decreto Legislativo 5/2015, de 30 de octubre, define como aquellos quienes desempeñan funciones retribuidas en las Administraciones Públicas al servicio de los intereses generales:

a) A los Funcionarios públicos.

b) A los Empleados públicos.

c) Al Personal laboral de las Administraciones Públicas.

d) Al personal estatutario.

6. Corresponden en exclusiva a los funcionarios públicos, en los términos que en la ley de desarrollo de cada Administración Pública se establezca, el ejercicio de las funciones que impliquen la participación directa o indirecta:

a) En el archivo y documentación de información administrativa.

b) En tareas administrativas.

c) En el ejercicio de las potestades públicas.

d) En las tareas directivas.

7. Los funcionarios de carrera son aquellos quienes, en virtud de nombramiento legal, están vinculados a una Administración Pública por una relación estatutaria regulada por:

a) El Derecho Laboral.

b) El Derecho Administrativo.

c) El Derecho Civil.

d) El Derecho Constitucional.

8. Es una característica de la figura del funcionario de carrera:

a) Presta sus servicios en virtud de un contrato de trabajo formalizado por escrito.

b) Realiza en exclusiva funciones expresamente calificadas como de confianza o asesoramiento especial.

c) Relación regulada por el Derecho Laboral.
d) Desempeño de servicios profesionales retribuidos de carácter permanente.

9. Las leyes de Función Pública que se dicten en desarrollo del EBEP podrán prever el nombramiento de personal interino para la ejecución de programas de carácter temporal con una duración de hasta:

a) 2 años.
b) 3 años.
c) 4 años.
d) 5 años.

10. ¿Es aplicable a los funcionarios interinos el régimen general de los funcionarios de carrera?

a) Sí, en todo caso; independientemente de que el nombramiento tenga o no carácter extraordinario y urgente.
b) No, en ningún caso. Tienen su propio régimen general.
c) Sí, en cuanto sea adecuado a la naturaleza de su condición y al carácter extraordinario y urgente de su nombramiento, salvo aquellos derechos inherentes a la condición de funcionario de carrera.
d) No, se rigen por un convenio colectivo de carácter estatal.

11. Pueden nombrarse funcionarios interinos por exceso o acumulación de tareas por plazo:

a) Máximo de 9 meses, dentro de un periodo de dieciocho meses.
b) Mínimo de 6 meses y máximo de 12 meses.
c) Máximo de 12 meses.
d) Máximo de 12 meses dentro de un periodo de 3 años.

12. Las condiciones retributivas del personal eventual serán:

a) Las mismas del personal funcionario de carrera.
b) Secretas.
c) Públicas.
d) Las mismas del personal funcionario interino.

13. En relación con el personal eventual, es cierto que:

a) Será retribuido con cargo a los créditos presupuestarios consignados para el personal funcionario.
b) La condición de personal eventual constituirá mérito en la fase de concurso para el acceso a la Función Pública.

c) Su cese tendrá lugar, en todo caso, cuando se produzca el de la autoridad a la que se preste la función de confianza o asesoramiento.

d) La condición de personal eventual computará como mérito para la promoción interna.

14. La condición de personal eventual:

a) Constituye mérito para el acceso a la Función Pública y para la promoción interna.

b) Constituye mérito para el acceso a la Función Pública pero no para la promoción interna.

c) No constituye mérito para el acceso a la Función Pública pero sí para la promoción interna.

d) No podrá constituir mérito para el acceso a la Función Pública o para la promoción interna.

15. La designación del personal directivo de las Administraciones Públicas se llevará a cabo mediante procedimientos que garanticen:

a) La publicidad y concurrencia.

b) La idoneidad.

c) El mérito y la capacidad.

d) El control de resultados.

16. ¿Qué instrumento utiliza la Administración Pública de la Región de Murcia para realizar los intereses públicos que tiene encomendados?

a) El Estatuto de Autonomía.

b) La Función Pública de la Administración Pública de la Región de Murcia.

c) La Asamblea Regional.

d) El Consejo de Gobierno.

17. La renuncia voluntaria a la condición de funcionario:

a) Inhabilita para ingresar de nuevo en la Administración Pública.

b) No requiere aceptación expresa por la Administración.

c) Será aceptada expresamente cuando el funcionario esté sujeto a expediente disciplinario o haya sido dictado en su contra auto de procesamiento o de apertura de juicio oral por la comisión de algún delito.

d) Debe ser manifestada por escrito.

18. La jubilación de un funcionario al cumplir la edad legalmente establecida, es:

a) Jubilación forzosa.

b) Jubilación voluntaria.

c) Jubilación absoluta.

d) Jubilación parcial.

19. ¿Pueden los órganos de gobierno de las Administraciones Públicas conceder la rehabilitación de quien hubiera perdido la condición de funcionario por haber sido condenado a la pena principal o accesoria de inhabilitación?

a) No, en ningún caso.
b) Excepcionalmente, atendiendo a las circunstancias y entidad del delito cometido.
c) Solo cuando se trate de una inhabilitación provisional.
d) Sí, cuando la inhabilitación se tratara de una pena accesoria.

20. Cuando adquieran la condición de funcionarios al servicio de organizaciones internacionales, los funcionarios de carrera serán declarados en situación de:

a) Excedencia.
b) Servicios especiales.
c) Servicio en otras Administraciones Públicas.
d) Servicio activo.

En MADTEST tienes **más preguntas de este tema**, y todos tus avances quedan registrados y se reflejan en el ranking.

¡Supera tus límites con MADTEST!

Solución al test n.º 8

1. b) Mediante un Texto Refundido.

2. c) Aquello que es común al conjunto de los funcionarios de todas las Administraciones Públicas, más las normas legales específicas aplicables al personal laboral a su servicio.

3. c) El personal estatutario de los servicios de salud.

4. c) Personal de las Fuerzas y Cuerpos de Seguridad.

5. b) A los Empleados públicos.

6. c) En el ejercicio de las potestades públicas.

7. b) El Derecho Administrativo.

8. d) Desempeño de servicios profesionales retribuidos de carácter permanente.

9. c) 4 años.

10. c) Sí, en cuanto sea adecuado a la naturaleza de su condición y al carácter extraordinario y urgente de su nombramiento, salvo aquellos derechos inherentes a la condición de funcionario de carrera.

11. a) Máximo de 9 meses, dentro de un periodo de dieciocho meses.

12. c) Públicas.

13. c) Su cese tendrá lugar, en todo caso, cuando se produzca el de la autoridad a la que se preste la función de confianza o asesoramiento.

14. d) No podrá constituir mérito para el acceso a la Función Pública o para la promoción interna.

15. a) La publicidad y concurrencia.

16. b) La Función Pública de la Administración Pública de la Región de Murcia.

17. d) Debe ser manifestada por escrito.

18. a) Jubilación forzosa.

19. b) Excepcionalmente, atendiendo a las circunstancias y entidad del delito cometido.

20. b) Servicios especiales.

**Ley de Contratos del Sector Público: Ámbito de aplicación subjetiva.
Concepto y disposiciones comunes a todos los contratos.
Objeto y requisitos de los contratos**

1. Están incluidos en el ámbito de la Ley de Contratos del Sector Público:

a) La relación de servicio de los funcionarios públicos y los contratos regulados en la legislación laboral.

b) Las relaciones jurídicas consistentes en la prestación de un servicio público cuya utilización por los usuarios requiera el abono de una tarifa, tasa o precio público de aplicación general.

c) Los contratos relativos a servicios de arbitraje y conciliación.

d) Los contratos onerosos, cualquiera que sea su naturaleza jurídica, que celebren las Mutuas de Accidentes de Trabajo y Enfermedades Profesionales de la Seguridad Social.

2. Los contratos que tienen por objeto la adquisición, el arrendamiento financiero, o el arrendamiento, con o sin opción de compra, de productos o bienes muebles, son:

a) Contratos de servicios.

b) Contratos de suministro.

c) Contratos de obras.

d) Contratos de gestión de servicios públicos.

3. No se consideran contratos de suministros:

a) Aquellos en los que el empresario se obligue a entregar una pluralidad de bienes de forma sucesiva y por precio unitario sin que la cuantía total se defina con exactitud al tiempo de celebrar el contrato, por estar subordinadas las entregas a las necesidades del adquirente.

b) Los que tengan por objeto la adquisición y el arrendamiento de equipos y sistemas de telecomunicaciones o para el tratamiento de la información, sus dispositivos y programas, y la cesión del derecho de uso de estos últimos.

c) Los de adquisición de programas de ordenador desarrollados a medida.

d) Los de fabricación, por los que la cosa o cosas que hayan de ser entregadas por el empresario deban ser elaboradas con arreglo a características peculiares fijadas previamente por la entidad contratante, aun cuando esta se obligue a aportar, total o parcialmente, los materiales precisos.

4. Están sujetos a regulación armonizada los contratos de obras y los contratos de concesión de obras públicas cuyo valor estimado sea igual o superior a:

a) 5.538.000 euros.
b) 6.581.000 euros.
c) 8.615.000 euros.
d) 1.861.000 euros.

5. De los siguientes, son contratos privados los contratos celebrados por una Administración Pública que tengan por objeto:

a) La suscripción a revistas, publicaciones periódicas y bases de datos.
b) La concesión de servicios públicos.
c) Los contratos de colaboración entre el sector público y el sector privado.
d) La adquisición de suministros.

6. En virtud de la Ley 9/2017 (art. 6.1.a), se presumirá que las entidades intervinientes en un convenio tienen vocación de mercado cuando realicen en el mercado abierto un porcentaje de las actividades objeto de colaboración igual o superior a:

a) El 10%.
b) El 20%.
c) El 50%.
d) El 30%.

7. Los contratos que tengan por objeto la adquisición de energía primaria o energía transformada se consideran:

a) Contratos de concesión de servicios.
b) Contratos de suministros.
c) Contratos privados.
d) Contratos de servicios.

8. Deberá elaborarse un proyecto y tramitarse como la Ley 9/2017 dispone para los contratos de obras, el contrato mixto en que un elemento del contrato sea una obra y esta supere:

a) Los 50.000 euros.
b) Los 100.000 euros.

c) Los 5.000 euros.
d) Los 10.000 euros.

9. No podrán ser objeto de los contratos de servicios:

a) Los que impliquen ejercicio de la autoridad inherente a los poderes públicos.
b) Los que impliquen el desarrollo o mantenimiento de aplicaciones informáticas.
c) Los que tengan por objeto el desarrollo y la puesta a disposición de productos protegidos por un derecho de propiedad intelectual o industrial.
d) Los que tengan por objeto la prestación de actividades docentes en centros del sector público desarrolladas en forma de cursos de formación o perfeccionamiento del personal al servicio de la Administración.

10. Los contratos celebrados por entidades del sector público que siendo poder adjudicador no reúnan la condición de Administraciones Públicas, tienen la consideración de:

a) Contratos administrativos.
b) Contratos privados.
c) Contratos administrativos especiales.
d) Contratos mixtos.

11. Para la Directiva 2014/23/UE, de 26 de febrero de 2014, relativa a la adjudicación de contratos de concesión, el criterio delimitador del contrato de concesión de servicios respecto del contrato de servicios es:

a) La cuantificación del coste.
b) Quién asume el riesgo operacional.
c) La exigencia o no de la clasificación del empresario.
d) La publicación en boletín oficial.

12. Según el art. 13.3 de la Ley 9/2017, de 8 de noviembre, de Contratos del Sector Público, los contratos de obras se referirán:

a) A una obra completa.
b) A una superficie acotada.
c) A un área concreta.
d) A un plan urbanístico determinado.

13. Según el artículo 3.2. de la LCSP, tienen la consideración de Administración Pública:

a) Las autoridades administrativas independientes.
b) Las fundaciones públicas.
c) Las Mutuas colaboradoras con la Seguridad Social.
d) Las Entidades Públicas Empresariales.

14. En toda contratación pública se incorporarán de manera transversal y preceptiva criterios sociales y medioambientales:

a) En todo caso.
b) Siempre que guarde relación con el objeto del contrato.
c) Siempre que se garantice la relación calidad-precio.
d) Como criterio decisorio en caso de igualdad de ofertas.

15. Los consorcios y otras entidades de derecho público, se consideran Administraciones Públicas a efectos de la Ley 9/2017 de Contratos del Sector Público, si se dan las circunstancias establecidas para poder ser considerados poder adjudicador y estando vinculados a una o varias Administraciones Públicas o dependientes de las mismas, no se financien mayoritariamente:

a) Con subvenciones.
b) Con ingresos de mercado.
c) Con tasas e impuestos.
d) Con donaciones.

16. La duración de los contratos de arrendamiento de bienes muebles no podrá exceder, incluyendo las posibles prórrogas, de:

a) 3 años.
b) 4 años.
c) 5 años.
d) 7 años.

17. La duración, incluyendo las posibles prórrogas, de los contratos de concesión de obras, y de concesión de servicios que comprendan la ejecución de obras y la explotación de servicio, no podrá exceder de:

a) 10 años.
b) 20 años.
c) 25 años.
d) 40 años.

18. La duración, incluyendo las posibles prórrogas, en los contratos de concesión de servicios que comprendan la explotación de un servicio no relacionado con la prestación de servicios sanitarios, no podrá exceder de:

a) 10 años.
b) 20 años.
c) 25 años.
d) 40 años.

19. Se consideran contratos menores los contratos de suministro o de servicios de valor estimado inferior a:

a) 15.000 euros.
b) 20.000 euros.
c) 30.000 euros.
d) 40.000 euros.

20. En virtud del artículo 30 de la Ley 9/2017, la ejecución de obras podrá realizarse por los servicios de la Administración Pública, ya sea empleando exclusivamente medios propios no personificados o con la colaboración de empresarios particulares, cuando la Administración posea elementos auxiliares utilizables, cuyo empleo suponga una mayor celeridad en su ejecución o una economía superior a (a partir de):

a) El 5 por 100 del importe del presupuesto del contrato.
b) El 10 por 100 del importe del presupuesto del contrato.
c) El 15 por 100 del importe del presupuesto del contrato.
d) El 20 por 100 del importe del presupuesto del contrato.

En MADTEST tienes **más preguntas de este tema**, y todos tus avances quedan registrados y se reflejan en el ranking.

¡Supera tus límites con MADTEST!

Solución al test n.º 9

1. d) Los contratos onerosos, cualquiera que sea su naturaleza jurídica, que celebren las Mutuas de Accidentes de Trabajo y Enfermedades Profesionales de la Seguridad Social.

2. b) Contratos de suministro.

3. c) Los de adquisición de programas de ordenador desarrollados a medida.

4. a) 5.538.000 euros.

5. a) La suscripción a revistas, publicaciones periódicas y bases de datos.

6. b) El 20%.

7. b) Contratos de suministros.

8. a) Los 50.000 euros.

9. a) Los que impliquen ejercicio de la autoridad inherente a los poderes públicos.

10. b) Contratos privados.

11. b) Quién asume el riesgo operacional.

12. a) A una obra completa.

13. a) Las autoridades administrativas independientes.

14. b) Siempre que guarde relación con el objeto del contrato.

15. b) Con ingresos de mercado.

16. c) 5 años.

17. d) 40 años.

18. c) 25 años.

19. a) 15.000 euros.

20. a) El 5 por 100 del importe del presupuesto del contrato.

TEST N.º 10

Ley de Hacienda de la Región de Murcia: Principios generales. Concepto, elaboración y aprobación de los Presupuestos Generales de la Comunidad Autónoma

1. La Ley de Hacienda Pública de la Región de Murcia vigente es:

a) La Ley 3/1990.
b) La Ley 11/1998.
c) El Decreto Legislativo 1/1999.
d) La Ley 7/1993.

2. De acuerdo con el principio de unidad de caja:

a) El presupuesto se elaborará considerando los objetivos y prioridades establecidos por la ordenación y planificación de la actividad económica regional.
b) Se integrarán y custodiarán en el Tesoro Público Regional todos los fondos y valores de la Hacienda Pública regional.
c) Los recursos de la Hacienda Pública regional se destinarán a satisfacer el conjunto de sus obligaciones salvo que por ley se establezca su afectación a fines determinados.
d) Ninguna respuesta es correcta.

3. Quedan sometidos al principio de reserva de ley:

a) Los Presupuestos Generales de la Comunidad Autónoma.
b) El régimen general y especial en materia financiera de los organismos autónomos regionales.
c) La modificación de un tributo propio.
d) Todas las respuestas anteriores son correctas.

4. Indica cuál es la definición legal de Presupuesto según el Decreto Legislativo 1/1999:

a) Los Presupuestos Generales de la Comunidad Autónoma constituyen la expresión cifrada, conjunta y sistemática de: a.- Las obligaciones que, como mínimo, pueden reconocer la Administración Pública regional y sus organismos autónomos, y los derechos que se prevean liquidar durante el correspondiente ejercicio. b.- Las estimaciones de gastos e ingresos a realizar por las entidades públicas empresariales, otras entidades de derecho público de la Comunidad Autónoma de la Región de Murcia, sociedades mercantiles regionales y fundaciones del sector público autonómico.

b) Los Presupuestos Generales de la Comunidad Autónoma constituyen la expresión cifrada, conjunta y sistemática de: a.- Las obligaciones que pueden reconocer la Administración Pública regional y sus organismos autónomos, y los derechos que se prevean liquidar durante el correspondiente ejercicio. b.- Las estimaciones de gastos e ingresos a realizar por las entidades públicas empresariales, otras entidades de derecho público de la Comunidad Autónoma de la Región de Murcia, sociedades mercantiles regionales y fundaciones del sector público autonómico.

c) Los Presupuestos Generales de la Comunidad Autónoma constituyen la expresión cifrada, conjunta y sistemática de: a.- Las obligaciones que, como máximo, pueden reconocer la Administración Pública regional y sus organismos autónomos, y los derechos que se prevean liquidar durante el correspondiente ejercicio. b.- Las cantidad exacta de gastos e ingresos a realizar por las entidades públicas empresariales, otras entidades de derecho público de la Comunidad Autónoma de la Región de Murcia, sociedades mercantiles regionales y fundaciones del sector público autonómico.

d) Los Presupuestos Generales de la Comunidad Autónoma constituyen la expresión cifrada, conjunta y sistemática de: a.- Las obligaciones que, como máximo, pueden reconocer la Administración Pública regional y sus organismos autónomos, y los derechos que se prevean liquidar durante el correspondiente ejercicio. b.- Las estimaciones de gastos e ingresos a realizar por las entidades públicas empresariales, otras entidades de derecho público de la Comunidad Autónoma de la Región de Murcia, sociedades mercantiles regionales, fundaciones del sector público autonómico y consorcios adscritos a la Administración Pública regional.

5. El ejercicio presupuestario coincidirá con el año natural y a él se imputarán:

a) Las obligaciones reconocidas hasta el 31 de octubre del correspondiente ejercicio, siempre que correspondan a adquisiciones, obras, servicios, prestaciones o gastos en general realizados dentro del mismo y con cargo a los respectivos créditos.

b) Las obligaciones reconocidas hasta el 31 de diciembre del correspondiente ejercicio, siempre que correspondan a gastos de personal o en bienes corrientes y de servicios o gastos en general realizados dentro del mismo y con cargo a los respectivos créditos.

c) Las obligaciones reconocidas hasta el 1 de diciembre del correspondiente ejercicio, siempre que correspondan a gastos financieros o gastos en general realizados dentro del mismo y con cargo a los respectivos créditos.

d) Las obligaciones reconocidas hasta el 31 de diciembre del correspondiente ejercicio, siempre que correspondan a adquisiciones, obras, servicios, prestaciones o gastos en general realizados dentro del mismo y con cargo a los respectivos créditos.

6. La estructura de los Presupuestos Generales de la Comunidad Autónoma se determinará por:

a) El Presidente de la Región.
b) El Consejo de Gobierno.

c) La Consejería de Economía, Hacienda y Administración Digital.
d) La Asamblea Regional.

7. La clasificación orgánica de los créditos hace que se agrupen por:

a) Capítulos, conceptos y subconceptos.
b) Centros.
c) Grupos.
d) Secciones y Servicios.

8. El Capítulo 3 de la clasificación económica de ingresos es:

a) Impuestos indirectos.
b) Enajenación de inversiones reales.
c) Ingresos patrimoniales.
d) Tasas, precios públicos y otros ingresos.

9. El Capítulo 7 de la clasificación económica de ingresos es:

a) Transferencias de capital.
b) Enajenación de inversiones reales.
c) Activos financieros.
d) Pasivos financieros.

10. El Capítulo 5 de la clasificación económica de gastos es:

a) Gastos financieros.
b) Fondo de Contingencia y otros fondos.
c) Ingresos patrimoniales.
d) Gastos de personal.

11. El Capítulo 2 de la clasificación económica de gastos es:

a) Impuestos indirectos.
b) Transferencias corrientes.
c) Gastos en bienes corrientes y servicios.
d) Transferencias de capital.

12. El Grupo 4 de la clasificación funcional de ingresos es:

a) Producción de Bienes Públicos de Carácter Social.
b) Seguridad, Protección y Promoción Social.
c) Producción de Bienes Públicos de Carácter Económico.
d) Servicios de Carácter General.

13. La Sección 12 de la clasificación orgánica de gastos es:

a) Consejería de Presidencia, Portavocía y Acción Exterior.
b) Consejería de Salud.
c) Consejería de Educación, Formación Profesional y Empleo.
d) Consejería de Agua, Agricultura, Ganadería y Pesca.

14. Los órganos de la Comunidad Autónoma, con dotaciones diferenciadas en los Presupuestos Generales de la Comunidad Autónoma, remitirán a la Consejería de Economía y Hacienda el anteproyecto correspondiente a sus estados de gastos antes del:

a) 1 de junio de cada año.
b) 1 de julio de cada año.
c) 30 de junio de cada año.
d) 31 de julio de cada año.

15. El Proyecto de Presupuesto se remitirá a la Asamblea Regional con una antelación mínima de:

a) Dos meses a la fecha de inicio del correspondiente ejercicio.
b) Tres meses a la fecha de inicio del correspondiente ejercicio.
c) Un mes a la fecha de inicio del correspondiente ejercicio.
d) Dos meses a la fecha de fin del correspondiente ejercicio.

16. Según el artículo 1 del Decreto Legislativo 1/1999, ¿por quién está constituida la Hacienda Pública Regional?

a) Exclusivamente por la Administración Pública Regional.
b) Por la Administración Pública Regional, los entes locales y las empresas públicas.
c) Por el conjunto de derechos y obligaciones de contenido económico cuya titularidad corresponde a la Administración Pública Regional y a sus organismos autónomos.
d) Por los derechos económicos de la Comunidad Autónoma y del Estado.

17. Conforme al artículo 4 del Decreto Legislativo 1/1999, ¿cuál de los siguientes es un principio de la Hacienda Pública Regional?

a) El principio de legalidad presupuestaria.
b) El principio de estabilidad presupuestaria.
c) El principio de unidad de caja.
d) El principio de suficiencia financiera.

18. Según el artículo 27 del Decreto Legislativo 1/1999, los Presupuestos Generales de la Comunidad Autónoma constituyen la expresión cifrada, conjunta y sistemática de:

a) Únicamente los gastos e ingresos de la Administración Pública Regional.
b) Las previsiones económicas del sector público estatal en la Región de Murcia.

c) Las obligaciones y derechos de la Administración Pública Regional y de sus organismos autónomos, así como las estimaciones de gastos e ingresos de determinadas entidades del sector público autonómico.

d) Los ingresos liquidados y los gastos ejecutados en el ejercicio anterior.

19. ¿Con qué antelación mínima debe remitirse el Proyecto de Ley de Presupuestos Generales de la Comunidad Autónoma a la Asamblea Regional?

a) Un mes antes del inicio del ejercicio.

b) Tres meses antes del inicio del ejercicio.

c) Antes del 1 de junio del ejercicio anterior.

d) Con una antelación mínima de dos meses a la fecha de inicio del correspondiente ejercicio.

20. ¿A qué órgano se someten las cuentas de la Hacienda Pública Regional, sin perjuicio de las competencias de la Asamblea Regional?

a) Al Consejo Económico y Social.

b) A la Intervención General de la Comunidad Autónoma.

c) Al Tribunal de Cuentas.

d) Al Consejo de Gobierno.

En MADTEST tienes **más preguntas de este tema**, y todos tus avances quedan registrados y se reflejan en el ranking.

¡Supera tus límites con MADTEST!

Solución al test n.º 10

1. c) El Decreto Legislativo 1/1999.

2. b) Se integrarán y custodiarán en el Tesoro Público Regional todos los fondos y valores de la Hacienda Pública regional.

3. d) Todas las respuestas anteriores son correctas.

4. d) Los Presupuestos Generales de la Comunidad Autónoma constituyen la expresión cifrada, conjunta y sistemática de: a.- Las obligaciones que, como máximo, pueden reconocer la Administración Pública regional y sus organismos autónomos, y los derechos que se prevean liquidar durante el correspondiente ejercicio. b.- Las estimaciones de gastos e ingresos a realizar por las entidades públicas empresariales, otras entidades de derecho público de la Comunidad Autónoma de la Región de Murcia, sociedades mercantiles regionales, fundaciones del sector público autonómico y consorcios adscritos a la Administración Pública regional.

5. d) Las obligaciones reconocidas hasta el 31 de diciembre del correspondiente ejercicio, siempre que correspondan a adquisiciones, obras, servicios, prestaciones o gastos en general realizados dentro del mismo y con cargo a los respectivos créditos.

6. c) La Consejería de Economía, Hacienda y Administración Digital.

7. d) Secciones y Servicios.

8. d) Tasas, precios públicos y otros ingresos.

9. a) Transferencias de capital.

10. b) Fondo de Contingencia y otros fondos.

11. c) Gastos en bienes corrientes y servicios.

12. a) Producción de Bienes Públicos de Carácter Social.

13. b) Consejería de Salud.

14. a) 1 de junio de cada año.

15. a) Dos meses a la fecha de inicio del correspondiente ejercicio.

16. c) Por el conjunto de derechos y obligaciones de contenido económico cuya titularidad corresponde a la Administración Pública Regional y a sus organismos autónomos.

17. c) El principio de unidad de caja.

18. c) Las obligaciones y derechos de la Administración Pública Regional y de sus organismos autónomos, así como las estimaciones de gastos e ingresos de determinadas entidades del sector público autonómico.

19. d) Con una antelación mínima de dos meses a la fecha de inicio del correspondiente ejercicio.

20. c) Al Tribunal de Cuentas.

La sede electrónica. La identificación y autenticación de las personas físicas y jurídicas para las diferentes actuaciones en la gestión electrónica. El documento electrónico. El expediente electrónico. La Plataforma de Interoperabilidad

1. Señala la palabra que falta, según el artículo 12.1 de la LPACAP. Las Administraciones Públicas deberán garantizar que los interesados pueden relacionarse con la Administración a través de medios electrónicos, para lo que pondrán a su disposición los .... de acceso que sean necesarios así como los sistemas y aplicaciones que en cada caso se determinen:

a) Portales.
b) Servidores.
c) Canales.
d) Códigos.

2. Se define como "dirección electrónica disponible para los ciudadanos a través de redes de telecomunicaciones cuya titularidad, gestión y administración corresponde a una Administración Pública, órgano o entidad administrativa en el ejercicio de sus competencias":

a) Sede electrónica.
b) Administración electrónica.
c) Página web de una Administración Pública.
d) Estándar abierto.

3. El artículo 26.2 de la Ley 39/2015 (LPACAP), exige para ser válidos "contener información de cualquier naturaleza en un soporte electrónico según un formato determinado y susceptible de identificación y tratamiento diferenciado", a:

a) Las notificaciones administrativas.
b) Las comunicaciones electrónicas.
c) Los documentos electrónicos.
d) Los certificados electrónicos.

4. Según el artículo 11 del Real Decreto 203/2021, de 30 de marzo, por el que se aprueba el Reglamento de actuación y funcionamiento del sector público por medios electrónicos, NO es un contenido mínimo que toda sede electrónica ha de poner a disposición de las personas interesadas:

a) La normativa reguladora del Registro al que se acceda a través de la sede electrónica.

b) La relación de sistemas de identificación y firma electrónica que sean admitidos o utilizados en la misma.

c) La identificación del acto o disposición de creación y el acceso al mismo, directamente o mediante enlace a su publicación en el Boletín Oficial correspondiente.

d) Relación histórica de los servicios, procedimientos y trámites publicados.

5. Conforme al artículo 9 de la LPACAP (en redacción dada por el Real Decreto-ley 14/2019, de 31 de octubre), los interesados podrán identificarse electrónicamente ante las Administraciones Públicas a través de cualquier sistema que las Administraciones públicas consideren válido en los términos y condiciones que se establezca, siempre que cuenten con un registro previo como usuario que permita garantizar su identidad y previa comunicación a la Agencia Estatal de Administración Digital. De forma previa a la eficacia jurídica del sistema, habrá de transcurrir desde dicha comunicación el siguiente plazo, durante el cual el órgano estatal competente por motivos de seguridad pública podrá acudir a la vía jurisdiccional, previo informe vinculante de la Secretaría de Estado de Seguridad:

a) 1 mes.

b) 2 meses.

c) 3 meses.

d) 6 meses.

6. En relación con el tipo de comunicación de interesado con la Administración, no es cierto que:

a) Las personas físicas puedan elegir en todo momento si se comunican con las Administraciones Públicas para el ejercicio de sus derechos y obligaciones a través de medios electrónicos o no, salvo que estén obligadas a relacionarse a través de medios electrónicos con las Administraciones Públicas.

b) Las Administraciones puedan establecer la obligación de relacionarse con ellas a través de medios electrónicos para determinados procedimientos y para ciertos colectivos de personas físicas.

c) Las personas jurídicas estén obligadas a relacionarse a través de medios electrónicos con las Administraciones Públicas para la realización de cualquier trámite de un procedimiento administrativo.

d) El medio elegido por la persona para comunicarse con las Administraciones Públicas no puede ser modificado a lo largo del procedimiento.

7. No están obligados a relacionarse a través de medios electrónicos con las Administraciones Públicas para la realización de cualquier trámite de un procedimiento administrativo:

a) Las entidades sin personalidad jurídica.
b) Todo aquel que ostente la representación de un interesado.
c) Quienes ejerzan una actividad profesional para la que se requiera colegiación obligatoria, para los trámites y actuaciones que realicen con las Administraciones Públicas en ejercicio de dicha actividad profesional.
d) Las personas jurídicas.

8. Una condición para que pueda realizarse válidamente la identificación o firma electrónica en el procedimiento administrativo del interesado por un funcionario público mediante el uso del sistema de firma electrónica del que esté dotado para ello, es que:

a) El interesado disponga de los medios electrónicos necesarios.
b) El interesado esté obligado a relacionarse con la Administración por medios electrónicos.
c) El interesado se identifique ante el funcionario y preste su consentimiento expreso para esta actuación.
d) El interesado sea una persona física o jurídica.

9. Cuando los interesados se correspondan con colectivos de personas físicas que por razón de su capacidad económica o técnica, dedicación profesional u otros motivos acreditados tengan garantizado el acceso y disponibilidad de los medios tecnológicos precisos:

a) Estarán obligados a utilizar siempre medios electrónicos para comunicarse con la Administración.
b) Podrán elegir el medio con el que comunicarse con la Administración.
c) Las Administraciones Públicas podrán establecer reglamentariamente la obligatoriedad de comunicarse con ellas utilizando solo medios electrónicos.
d) Tendrán las mismas obligaciones que cualquier persona física en su relación con la Administración.

10. Procedimiento de verificación de la identidad digital de un sujeto en sus interacciones en el ámbito digital:

a) Identificación.
b) Autenticación.
c) Certificación.
d) Cualificación.

11. En relación con los documentos electrónicos administrativos, no es cierto que:

a) Para ser considerados válidos, los documentos electrónicos administrativos deberán disponer de los datos de identificación que permitan su individualización, sin perjuicio de su posible incorporación a un expediente electrónico.

b) A menos que su naturaleza exija otra forma más adecuada de expresión y constancia, las Administraciones Públicas emitirán los documentos administrativos por escrito, a través de medios electrónicos.

c) Los documentos electrónicos emitidos por las Administraciones Públicas que se publiquen con carácter meramente informativo requieren firma electrónica para ser considerados documentos administrativos.

d) Cualquier documento electrónico emitido por una Administración Pública requerirá que se identifique su origen aunque no forme parte de un expediente administrativo.

12. A menos que su naturaleza exija otra forma más adecuada de expresión y constancia, los actos administrativos se producirán:

a) Por escrito a través de medios electrónicos.
b) Oralmente.
c) Por escrito en papel.
d) Oralmente a través de medios electrónicos.

13. Aquella dimensión de la interoperabilidad relativa a que la información intercambiada pueda ser interpretable de forma automática y reutilizable por aplicaciones que no intervinieron en su creación, se denomina:

a) Interoperabilidad semántica.
b) Interoperabilidad técnica.
c) Interoperabilidad en el tiempo.
d) Interoperabilidad organizativa.

14. Según el artículo 21.4 de la Ley 39/2015 (LPACAP), las Administraciones Públicas deben publicar y mantener actualizadas en el portal web, a efectos informativos, las relaciones de procedimientos de su competencia, con indicación de los plazos máximos de duración de los mismos, así como de:

a) Los órganos que los tramitan.
b) Los efectos que produzca el silencio administrativo.
c) Los modelos de petición de información.
d) Los requisitos para la iniciación de los procedimientos a instancia de los interesados.

15. Cuando en virtud de una norma sea preciso remitir el expediente electrónico, se enviará completo, foliado, autentificado y acompañado de:

a) La información auxiliar o de apoyo.
b) La norma que lo sustenta.

c) Un recibo del Registro General.
d) Un índice de los documentos que contenga.

16. Los poderes inscritos en el *registro electrónico general de apoderamientos* tendrán una validez determinada máxima, a contar desde la fecha de inscripción, de:

a) 3 años.
b) 4 años.
c) 5 años.
d) Indefinida.

17. En relación a las sedes electrónicas, es cierto que:

a) La sede electrónica asociada tendrá consideración de sede electrónica a todos los efectos.
b) El acto o resolución de creación o supresión de una sede electrónica o sede electrónica asociada será publicado en el boletín oficial del Estado.
c) El titular de la sede electrónica y, en su caso, de la sede electrónica asociada, no será responsable de la integridad, veracidad y actualización de la información a la que pueda accederse a través de la misma.
d) Solo podrá crearse una sede electrónica asociada por cada sede electrónica.

18. ¿Cuál de las siguientes afirmaciones en relación con la autenticación de copias es cierta?

a) Las copias auténticas tienen la misma validez que los documentos originales pero distinta eficacia.
b) Las copias auténticas de documentos privados no pueden surtir efectos administrativos.
c) Las copias auténticas realizadas por una Administración Pública solo tienen validez en su ámbito funcional.
d) Los interesados podrán solicitar, en cualquier momento, la expedición de copias auténticas de los documentos públicos administrativos que hayan sido válidamente emitidos por las Administraciones Públicas.

19. En relación con el expediente administrativo, no es cierto que:

a) Los expedientes deban tener formato electrónico.
b) Deba constar en el expediente copia electrónica certificada de la resolución adoptada.
c) Los juicios de valor emitidos por las Administraciones Públicas siempre deban formar parte del expediente.
d) Cuando se remita deba contener un índice numerado de todos los documentos que contenga.

20. ¿Qué norma regula en el ámbito de la Administración de la Comunidad Autónoma de la Región de Murcia, el Régimen Jurídico de la Gestión Electrónica de la Administración Pública de la Comunidad Autónoma de la Región de Murcia?

a) El Decreto 302/2011, de 25 de noviembre.
b) El Decreto 198/2014, de 5 de septiembre.
c) El Decreto 8/2006, de 17 de febrero.
d) El Decreto 359/2009, de 30 de octubre.

En MADTEST tienes **más preguntas de este tema**, y todos tus avances quedan registrados y se reflejan en el ranking.

¡Supera tus límites con MADTEST!

Solución al test n.º 11

1. c) Canales.

2. a) Sede electrónica.

3. c) Los documentos electrónicos.

4. d) Relación histórica de los servicios, procedimientos y trámites publicados.

5. b) 2 meses.

6. d) El medio elegido por la persona para comunicarse con las Administraciones Públicas no puede ser modificado a lo largo del procedimiento.

7. b) Todo aquel que ostente la representación de un interesado.

8. c) El interesado se identifique ante el funcionario y preste su consentimiento expreso para esta actuación.

9. c) Las Administraciones Públicas podrán establecer reglamentariamente la obligatoriedad de comunicarse con ellas utilizando solo medios electrónicos.

10. b) Autenticación.

11. c) Los documentos electrónicos emitidos por las Administraciones Públicas que se publiquen con carácter meramente informativo requieren firma electrónica para ser considerados documentos administrativos.

12. a) Por escrito a través de medios electrónicos.

13. a) Interoperabilidad semántica.

14. b) Los efectos que produzca el silencio administrativo.

15. d) Un índice de los documentos que contenga.

16. c) 5 años.

17. a) La sede electrónica asociada tendrá consideración de sede electrónica a todos los efectos.

18. d) Los interesados podrán solicitar, en cualquier momento, la expedición de copias auténticas de los documentos públicos administrativos que hayan sido válidamente emitidos por las Administraciones Públicas.

19. c) Los juicios de valor emitidos por las Administraciones Públicas siempre deban formar parte del expediente.

20. a) El Decreto 302/2011, de 25 de noviembre.

TEST N.º 12

Información administrativa y atención al ciudadano en los canales presencial, electrónico y telefónico

1. Por su ámbito de actuación, las Oficinas Corporativas de Atención al Ciudadano se clasifican en:

a) Oficinas generales y oficinas especializadas.
b) Oficinas informativas y oficinas registrales.
c) Oficinas centralizadas y oficinas periféricas.
d) Oficinas de atención e información y oficinas de gestión.

2. La información general se facilitará obligatoriamente a los ciudadanos:

a) Previa acreditación de legitimación por interés en el procedimiento.
b) Sin exigir para ello la acreditación de legitimación alguna.
c) Previa identificación y registro del solicitante.
d) Siempre que demuestren un interés legítimo.

3. La información administrativa relativa a la identificación, fines, competencia, estructura, funcionamiento y localización de organismos y unidades administrativas; la referida a los requisitos jurídicos o técnicos que las disposiciones impongan a los proyectos, actuaciones o solicitudes que los ciudadanos se propongan realizar; la referente a la tramitación de procedimientos, a los servicios públicos y prestaciones, así como a cualesquiera otros datos que aquellos tengan necesidad de conocer en sus relaciones con las Administraciones públicas, en su conjunto, o con alguno de sus ámbitos de actuación, se denomina:

a) Información completa.
b) Información inicial.
c) Información básica.
d) Información general.

93

4. Se considera información particular:

a) La referente a la tramitación de procedimientos, a los servicios públicos y prestaciones, así como a cualesquiera otros datos que aquellos tengan necesidad de conocer en sus relaciones con las Administraciones públicas, en su conjunto, o con alguno de sus ámbitos de actuación.

b) La relativa a la identificación, fines, competencia, estructura, funcionamiento y localización de organismos y unidades administrativas.

c) La concerniente al estado o contenido de los procedimientos en tramitación, y a la identificación de las autoridades y personal al servicio de la Administración y de las entidades de derecho público vinculadas o dependientes de la misma bajo cuya responsabilidad se tramiten aquellos procedimientos.

d) La referida a los requisitos jurídicos o técnicos que las disposiciones impongan a los proyectos, actuaciones o solicitudes que los ciudadanos se propongan realizar.

5. Recibidas las sugerencias o quejas que no sean anónimas, se dará cuenta de ello al ciudadano, comunicándole que se le informará de las actuaciones llevadas a cabo en el plazo, contado desde la recepción de estas, de:

a) 10 días naturales.
b) 15 días hábiles.
c) 20 días hábiles.
d) 30 días.

6. Las manifestaciones o declaraciones efectuadas por los ciudadanos en las que pongan de manifiesto los retrasos, desatenciones o cualquier otra anomalía que observen en el funcionamiento de los servicios públicos, se consideran:

a) Quejas.
b) Sugerencias.
c) Iniciativas.
d) Recursos.

7. Las quejas formuladas ante en las Oficinas Corporativas de Atención al Ciudadano de la Administración de la Región de Murcia:

a) Solo podrán ser formuladas por personas físicas.
b) No podrán ser anónimas.
c) Podrán formularse telefónicamente.
d) Tendrán la calificación de recursos administrativos.

8. Según el artículo 3 del Decreto 236/2010, de 3 de septiembre, por el que se regula la Atención al Ciudadano en la Administración Pública de la Región de Murcia, uno de los principios que con carácter general regirá la actividad de atención al ciudadano es el de deferencia, …………..y máximo respeto en la prestación de los servicios de atención y, en general, en el trato con los ciudadanos. Señala la palabra que falta en la frase:

a) Decoro.
b) Acogimiento.

c) Esmero.
d) Educación.

9. La petición de información dirigida a las Oficinas de Atención al Ciudadano podrá realizarse de forma verbal, por escrito o utilizando medios informáticos. La respuesta se emitirá, en el caso de ser escrita, en el plazo de:

a) 10 días.
b) 15 días.
c) 20 días.
d) 30 días.

10. Constituyen el instrumento de la Administración pública de la Región de Murcia y sus organismos públicos para informar a los ciudadanos sobre los servicios que tienen encomendados y acerca de los compromisos de calidad en su prestación, así como de los derechos de los ciudadanos y usuarios en relación con estos servicios:

a) Los Tablones de anuncios.
b) Los boletines oficiales.
c) Los Protocolos de prestación de servicios.
d) Las Cartas de Servicios.

11. Son documentos internos que recogen los compromisos de calidad en la realización de las actividades, actuaciones y trámites que forman parte de los procesos internos en los que intervienen los órganos, servicios o unidades administrativas pertenecientes a la Administración pública de la Región de Murcia y sus organismos públicos:

a) Acuerdos de nivel de servicio.
b) Cartas de Servicios.
c) Instrucciones operativas de servicio.
d) Manuales de actuación de nivel de servicio.

12. ¿Cuál es el órgano directivo de la CARM que ejerce las competencias en materia de calidad de los servicios públicos?

a) La Secretaría General de Transparencia y Participación.
b) La Dirección de los Servicios Jurídicos.
c) El Servicio de Atención al Ciudadano.
d) La Dirección General de Calidad, Simplificación Administrativa e Inspección de Servicios.

13. ¿Cómo denomina el Decreto 236/2010 a la información que, sin ser información particular, requiere la consulta complementaria al órgano competente para conocer del asunto, dado que tiene un grado de detalle superior al contenido en la Guía de Procedimientos y Servicios?

a) Información especializada.
b) Información general.

c) Información departamental.
d) Información exclusiva.

14. Señala la opción incorrecta. Conforme al artículo 7 del Decreto 236/2010, con independencia del canal utilizado, la información se proporcionará a los ciudadanos de acuerdo con los principios de:

a) Integridad.
b) Adaptación al progreso.
c) Máxima accesibilidad.
d) Transparencia.

15. Constituye información administrativa de la Administración Pública de la Región de Murcia:

a) Las notificaciones de los actos y resoluciones administrativas.
b) La información relativa a las competencias de la Administración autonómica.
c) La publicidad de la CARM.
d) La propaganda corporativa de la Administración autonómica.

16. Señala la opción incorrecta. Por su contenido, la información administrativa se clasifica en:

a) Electrónica.
b) Particular.
c) Especializada.
d) General.

17. Conforme al artículo 8 del Decreto 236/2010, de 3 de septiembre, de Atención al Ciudadano en la Administración Pública de la Región de Murcia, por la forma de proporcionarla, la información administrativa puede ser:

a) Particular.
b) Telefónica.
c) Diferida.
d) Electrónica.

18. Con carácter general, la información administrativa de la Administración de la Región de Murcia se ofrecerá:

a) De forma presencial.
b) De modo diferido.
c) De manera particular.
d) De modo inmediato.

19. En relación a la solicitud de información administrativa por parte del interesado, es cierto que:

a) La petición de información dirigida a las Oficinas de Atención al Ciudadano no puede realizarse de forma verbal.

b) La respuesta se emitirá siempre por escrito.

c) Si la petición de información requiere la consulta a otra unidad administrativa, se le dará traslado en el transcurso del mismo día.

d) La información tendrá exclusivamente carácter ilustrativo e informativo para quienes la soliciten.

20. La información proporcionada al ciudadano:

a) Podrá originar derechos a favor de los solicitantes.

b) Producirá efectos sobre el procedimiento al que se refiera.

c) Podrá ser invocada a los efectos de interrupción o paralización de plazos.

d) Debe ser sucinta.

En MADTEST tienes **más preguntas de este tema**, y todos tus avances quedan registrados y se reflejan en el ranking.

¡Supera tus límites con MADTEST!

Solución al test n.º 12

1. a) Oficinas generales y oficinas especializadas.

2. b) Sin exigir para ello la acreditación de legitimación alguna.

3. d) Información general.

4. c) La concerniente al estado o contenido de los procedimientos en tramitación, y a la identificación de las autoridades y personal al servicio de la Administración y de las entidades de derecho público vinculadas o dependientes de la misma bajo cuya responsabilidad se tramiten aquellos procedimientos.

5. d) 30 días.

6. a) Quejas.

7. c) Podrán formularse telefónicamente.

8. c) Esmero.

9. a) 10 días.

10. d) Las Cartas de Servicios.

11. a) Acuerdos de nivel de servicio.

12. d) La Dirección General de Calidad, Simplificación Administrativa e Inspección de Servicios.

13. a) Información especializada.

14. d) Transparencia.

15. b) La información relativa a las competencias de la Administración autonómica.

16. a) Electrónica.

17. c) Diferida.

18. d) De modo inmediato.

19. d) La información tendrá exclusivamente carácter ilustrativo e informativo para quienes la soliciten.

20. d) Debe ser sucinta.

TEST N.º 13

Los Archivos y el Patrimonio Documental en la Región de Murcia. Concepto de documento y archivo. Sistema de archivos de la Región de Murcia. Ordenación de documentos

1. Señala la palabra que falta en la siguiente frase: *"A efectos de la Ley 6/1990, de 11 de abril, de Archivos y Patrimonio Documental de la Región de Murcia, se entiende por documento toda expresión en lenguaje natural o .... con exclusión de los que por su índole forman parte del patrimonio bibliográfico y cualquier otra expresión gráfica, sonora o en imagen, recogida en cualquier tipo de soporte material, incluso el informático".*

a) Encriptado.
b) Convencional.
c) Simbólico.
d) Reglado.

2. El conjunto orgánico de documentos, o la reunión de varios de ellos, reunidos por cualquier entidad pública o privada, persona física o jurídica y conservados como garantía de derechos, como fuente de información para la gestión administrativa y la investigación, o con cualquier otro fin, se denomina:

a) Expediente.
b) Dosier.
c) Archivo.
d) Registro.

3. La referencia utilizada en un documento para su localización en un archivo se denomina:

a) Signatura.
b) Código.
c) Buck.
d) Minuta.

4. Para que los documentos generados, conservados o reunidos en el ejercicio de sus actividades por las entidades y asociaciones de carácter político, sindical o religioso formen parte del Patrimonio Documental español, su antigüedad debe ser superior a:

a) 5 años.
b) 20 años.
c) 30 años.
d) 40 años.

5. A los fines de la Ley 6/1990, tendrán la consideración de documentos privados históricos aquellos documentos:

a) Cuya antigüedad sea superior a 40 años.
b) Cuya antigüedad sea superior a 50 años.
c) Cuya antigüedad sea superior a 75 años.
d) Cuya antigüedad sea superior a 100 años.

6. Las normas de clasificación que permiten ordenar un archivo deben cumplir con el requisito de:

a) Economía.
b) Sencillez.
c) Rapidez de localización.
d) Todas las respuestas anteriores son correctas.

7. Tendrán la consideración de documentos privados históricos los documentos generados, conservados o reunidos en el ejercicio de sus actividades por las entidades y asociaciones de carácter político, sindical o religioso y por las entidades, fundaciones y asociaciones culturales y educativas de carácter privado, así como por colegios profesionales y cámaras establecidas en la Región de Murcia, de antigüedad superior a (a partir de):

a) 30 años.
b) 40 años.
c) 50 años.
d) 60 años.

8. Es una operación relacionada con la ordenación:

a) El seriado.
b) El desdoble.
c) La reagrupación.
d) La selección.

9. Un ejemplar en cualquier tipo de soporte, testimonio de las actividades y funciones de las personas físicas y jurídicas, públicas o privadas, es:

a) Un documento de archivo.
b) Un dosier.
c) Un archivo.
d) Un expediente.

10. Según el Estatuto de Autonomía de la Región de Murcia, ¿qué tipo de competencia ostenta la Comunidad Autónoma sobre el patrimonio cultural e histórico y archivos de interés regional que no sean de titularidad estatal?

a) Competencia exclusiva.
b) Competencia ejecutiva.
c) Competencia ejecutiva y de desarrollo.
d) No tiene competencia alguna.

11. Son aquellos archivos existentes en todos los órganos y unidades administrativas para la custodia de los documentos en fase de tramitación o sometidos a continua utilización y consulta administrativa:

a) Los archivos generales o centrales.
b) Los archivos intermedios.
c) Los archivos de oficina o de gestión.
d) Los archivos históricos.

12. Son aquellos archivos existentes en los Ministerios (o Consejerías) y organismos públicos para la custodia de los documentos, una vez finalizada su tramitación y transcurridos los plazos establecidos por la normativa vigente o en los calendarios de conservación:

a) Los archivos generales o centrales.
b) Los archivos intermedios.
c) Los archivos de oficina o de gestión.
d) Los archivos históricos.

13. Corresponde al Archivo Central:

a) Llevar a cabo las transferencias preceptivas y periódicas de documentos al Archivo histórico, acompañadas de los correspondientes instrumentos de descripción elaborados.

b) Establecer y valorar las estrategias que se pueden aplicar para la conservación a medio plazo de los documentos y ficheros electrónicos recibidos, tales como procedimientos de emulación, migración y conversión de formatos.

c) Acreditar las actuaciones y actividades de la unidad productora.

d) Llevar a cabo procesos de valoración documental, a fin de elevar las correspondientes propuestas de eliminación, o en su caso, de conservación permanente de documentos, en aplicación del procedimiento establecido por la normativa vigente.

14. Apoyar la gestión administrativa es una función básica de:

a) El archivo central.
b) El archivo intermedio.
c) El archivo histórico.
d) El archivo de oficina.

15. Corresponde describir las fracciones de serie conforme a las normas interna-cionales y nacionales de descripción archivística:

a) Al archivo central.
b) Al archivo intermedio.
c) Al archivo histórico.
d) Al archivo de oficina.

16. Los documentos integrantes del patrimonio de la Región de Murcia, produci-dos o recibidos por los órganos institucionales propios de la Comunidad Autónoma y por las Entidades Locales de su territorio permanecerán en las oficinas que los han originado hasta que carezcan de vigencia administrativa por haber producido la totalidad de sus efectos. En ese momento serán transferidos al archivo intermedio correspondiente donde permanecerán hasta alcanzar una antigüedad de:

a) 10 años.
b) 15 años.
c) 25 años.
d) 40 años.

17. Los criterios para determinar los documentos de los órganos instituciona-les propios de la Comunidad Autónoma de la Región de Murcia y por las Entidades Locales de su territorio que deben ser o no objeto de expurgo se establecerán en coordinación con los que, para el conjunto del Estado, fije:

a) El Consejo de Cooperación Archivística.
b) El Centro de Información Documental de Archivos.
c) El Archivo General de la Administración.
d) La Comisión Superior Calificadora de Documentos Administrativos.

18. Señala la opción incorrecta:

a) No se podrá destruir ningún documento en tanto subsista su valor probatorio de derechos y obligaciones.
b) Los propietarios de archivos y documentos privados históricos vendrán obligados a conservar íntegra su organización.
c) Los titulares de archivos y documentos depositados en cualquiera de los centros que integran el Sistema de Archivos de la Región de Murcia podrán consultarlos libre-mente y obtener copia de los mismos.
d) El patrimonio documental de la Región de Murcia es parte del patrimonio histórico español que, a su vez, forma parte del patrimonio documental español.

19. Los propietarios de archivos y documentos privados históricos del patrimonio documental de la Región de Murcia vendrán obligados a:

a) Desmembrarlos, siguiendo para ello las pautas de la Consejería de Cultura.

b) Conservarlos y mantenerlos organizados e inventariados sin necesidad de comunicar su existencia a la Consejería de Cultura.

c) Restaurar con el asesoramiento y la autorización de la Consejería de Cultura los documentos deteriorados o solicitar de esta su restauración.

d) Depositarlos en el archivo que cumpla las funciones de histórico para la documentación de la Comunidad Autónoma.

20. Los propietarios y poseedores de archivos y documentos privados históricos que los depositen en el archivo que cumpla las funciones de histórico para la documentación de la Comunidad Autónoma, podrán recuperarlos siempre que garanticen el cumplimiento de las obligaciones correspondientes, comunicando su intención a la Consejería de Cultura, con una antelación de al menos:

a) 2 meses.

b) 3 meses.

c) 6 meses.

d) Los archivos y documentos históricos no son recuperables.

En MADTEST tienes **más preguntas de este tema**, y todos tus avances quedan registrados y se reflejan en el ranking.

¡Supera tus límites con MADTEST!

Solución al test n.º 13

1. b) Convencional.

2. c) Archivo.

3. a) Signatura.

4. d) 40 años.

5. d) Cuya antigüedad sea superior a 100 años.

6. d) Todas las respuestas anteriores son correctas.

7. b) 40 años.

8. b) El desdoble.

9. a) Un documento de archivo.

10. a) Competencia exclusiva.

11. c) Los archivos de oficina o de gestión.

12. a) Los archivos generales o centrales.

13. d) Llevar a cabo procesos de valoración documental, a fin de elevar las correspondientes propuestas de eliminación, o en su caso, de conservación permanente de documentos, en aplicación del procedimiento establecido por la normativa vigente.

14. d) El archivo de oficina.

15. a) Al archivo central.

16. c) 25 años.

17. d) La Comisión Superior Calificadora de Documentos Administrativos.

18. d) El patrimonio documental de la Región de Murcia es parte del patrimonio histórico español que, a su vez, forma parte del patrimonio documental español.

19. c) Restaurar con el asesoramiento y la autorización de la Consejería de Cultura los documentos deteriorados o solicitar de esta su restauración.

20. a) 2 meses.

TEST N.º 14

Los documentos administrativos: Concepto, funciones y características. Clasificación y características de los documentos administrativos emitidos por la Administración. Estilo administrativo en la redacción de documentos

1. Un documento es:

a) Un instrumento de prueba.
b) Una instrucción o consejo.
c) Un escrito con el que se prueba, acredita o hace constar una cosa.
d) Todas las respuestas anteriores son correctas.

2. La norma ISO 5127/1-1983 (PNE 50-113/1), define documento como:

a) Información registrada que puede considerarse como una unidad en un proceso de documentación.
b) Todo soporte de información que trata de enseñar algo a alguien.
c) Todo elemento de información fijado en soporte material.
d) Toda expresión del pensamiento fijada materialmente y susceptible de ser utilizada para consulta, estudio o prueba.

3. Señala la opción incorrecta. Es un elemento esencial del documento:

a) El objeto físico que sirve de soporte de la información.
b) El mensaje que se comunica.
c) El receptor del mensaje.
d) El sistema de información al que pertenece.

4. Las características de un documento de archivo, que servirán para identificarlo y diferenciarlo de otras modalidades documentales, son:

a) Objetividad, seriación y sistematización.
b) Seriación, unicidad y objetividad.

c) Sistematización, unicidad y seriación.
d) Unicidad, subjetividad y seriación.

5. El carácter externo denominado clase:

a) Está definido como el procedimiento mediante el cual se transmite lo contenido en el documento.
b) Se refiere a las series documentales.
c) Se refiere a la forma material en que se presenta el documento.
d) Alude a la configuración física del documento.

6. Los documentos que transmiten la información mediante la escritura son de clase:

a) Gráfica.
b) Audiovisual.
c) Textual.
d) Legibles por máquina.

7. Forma parte de la estructura interior del documento y de la forma como se organiza su contenido:

a) El tipo.
b) El origen funcional.
c) El soporte.
d) El formato.

8. El valor secundario de un documento se refiere a:

a) El origen del documento.
b) La misión del documento.
c) El valor legal del documento.
d) La capacidad de información del documento.

9. Las tres fases o edades que se distinguen en un documento de archivo son:

a) Elaboración, utilización y archivo.
b) Administrativa, intermedia e histórica.
c) Primaria, secundaria y terciaria.
d) Oficina, gestión e histórica.

10. La edad en la que el valor primario del documento ha disminuido, pero sin desaparecer, se denomina:

a) Intermedia.
b) Secundaria.

c) Utilización.
d) Gestión.

11. Aquellos documentos administrativos que comunican la existencia de hechos o actos a otras personas, órganos o entidades, son:

a) Documentos de decisión.
b) Documentos de juicio.
c) Documentos de transmisión.
d) Documentos de constancia.

12. ¿Qué tipo de documento administrativo es un certificado?

a) Un documento de transmisión.
b) Un documento de decisión.
c) Un documento de juicio.
d) Un documento de constancia.

13. ¿Qué tipo de documento administrativo son los informes?

a) Documento de juicio.
b) Documento de transmisión.
c) Documento de decisión.
d) Documento de constancia.

14. Los informes que vengan impuestos por disposiciones legales son:

a) Vinculantes.
b) Preceptivos.
c) No vinculantes.
d) Facultativos.

15. Salvo disposición expresa en contrario, los informes son:

a) Preceptivos y vinculantes.
b) Facultativos y vinculantes.
c) Preceptivos y no vinculantes.
d) Facultativos y no vinculantes.

16. Es un conjunto organizado y homogéneo de documentos producidos o recibidos a lo largo del tiempo por una oficina en el desarrollo de una función concreta:

a) Un fondo documental.
b) Un expediente.
c) Un archivo.
d) Una serie.

17. Señala la proposición falsa:

a) En los procedimientos tramitados a solicitud del interesado, la resolución será congruente con las peticiones formuladas por este, sin que en ningún caso pueda agravar su situación inicial y sin perjuicio de la potestad de la Administración de incoar de oficio un nuevo procedimiento, si procede.

b) La «diligencia» es un documento de constancia interna para reflejar una actuación administrativa o de un interesado en un procedimiento.

c) Mediante la «solicitud» el interesado o ciudadano se dirige a la Administración, instando de la misma una actuación concreta en el tema de que se trate.

d) La resolución que ponga fin al procedimiento podrá o no decidir todas las cuestiones planteadas por los interesados y aquellas otras derivadas del mismo.

18. No es un elemento necesario en la formulación de las solicitudes:

a) Lugar y fecha.

b) Órgano, centro o unidad administrativa desde donde se envía la solicitud.

c) Nombre y apellidos del interesado y, en su caso, de la persona que lo representa.

d) Firma del solicitante o acreditación de la autenticidad de su voluntad expresada por cualquier medio.

19. El documento administrativo que recoge las decisiones adoptadas por los órganos competentes sobre la iniciación y las cuestiones que se suscitan en la tramitación de un procedimiento con carácter previo a la resolución del mismo, se denomina:

a) Expediente.

b) Acuerdo.

c) Dictamen.

d) Informe.

20. El anuncio señalará el lugar de exhibición y determinará el plazo para formular alegaciones que, en ningún caso, podrá ser inferior a:

a) Veinte días.

b) Diez días.

c) Treinta días.

d) Quince días.

En MADTEST tienes **más preguntas de este tema,** y todos tus avances quedan registrados y se reflejan en el ranking.

¡Supera tus límites con MADTEST!

Solución al test n.º 14

1. d) Todas las respuestas anteriores son correctas.

2. a) Información registrada que puede considerarse como una unidad en un proceso de documentación.

3. c) El receptor del mensaje.

4. b) Seriación, unicidad y objetividad.

5. a) Está definido como el procedimiento mediante el cual se transmite lo contenido en el documento.

6. c) Textual.

7. b) El origen funcional.

8. d) La capacidad de información del documento.

9. b) Administrativa, intermedia e histórica.

10. a) Intermedia.

11. c) Documentos de transmisión.

12. d) Un documento de constancia.

13. a) Documento de juicio.

14. b) Preceptivos.

15. d) Facultativos y no vinculantes.

16. d) Una serie.

17. d) La resolución que ponga fin al procedimiento podrá o no decidir todas las cuestiones planteadas por los interesados y aquellas otras derivadas del mismo.

18. b) Órgano, centro o unidad administrativa desde donde se envía la solicitud.

19. b) Acuerdo.

20. a) Veinte días.

TEST N.º 15

Ley de Prevención de Riesgos Laborales: Derechos y obligaciones. Servicios de prevención

1. En cuanto al derecho de los trabajadores a la protección frente a los riesgos laborales, no es correcto afirmar que:

a) Conlleva la existencia de un correlativo deber del empresario así como un deber de las Administraciones Públicas respecto del personal a su servicio.

b) El empresario deberá adoptar cuantas medidas sean necesarias para la protección de la seguridad y la salud de los trabajadores, mediante la constitución de una organización y de dotación de los medios necesarios.

c) El empresario realizará la prevención de los riesgos laborales mediante la integración de la actividad preventiva en la empresa y la adopción de cuantas medidas sean necesarias para la protección de la seguridad y la salud de los trabajadores,

d) El empresario llevará a cabo la evaluación de riesgos y la adopción inicial de medidas preventivas sin que sea obligatorio desarrollar una acción permanente de seguimiento de la actividad preventiva.

2. Respecto de la evaluación de riesgos se debe tener en cuenta que:

a) Las actividades de prevención como consecuencia de la evaluación de riesgos no tienen por qué ser modificadas por el empresario cuando se detecte su inadecuación a los fines de protección, o cuando aparezcan indicios de que las medidas de prevención resultan insuficientes.

b) No hay por qué observarla en la elección de los equipos de trabajo, sustancias o preparados químicos, y acondicionamiento de los lugares de trabajo.

c) La evaluación inicial deberá ser actualizada cuando cambien las condiciones de trabajo.

d) En ningún caso el empresario realizará controles periódicos de las condiciones de trabajo y de la actividad de los trabajadores.

3. Respecto de la información, consulta y participación de los trabajadores:

a) El empresario deberá consultar a los trabajadores, pero no tiene por qué permitir su participación en el marco de las cuestiones que afecten a la seguridad y salud en el trabajo.

b) El empresario deberá asumir todas las iniciativas que los trabajadores tengan respecto a la prevención de riesgos laborales.

c) En las empresas en que existan representantes de los trabajadores, la información se facilitará por el empresario a los trabajadores a través de dichos representantes.

d) No existe ningún deber de consulta del empresario a los trabajadores en materia de prevención de riesgos laborales.

4. Cuando los trabajadores puedan estar expuestos a un riesgo grave e inminente con ocasión de su trabajo, el empresario estará obligado a:

a) Informar lo antes posible a todos los trabajadores afectados sobre la existencia de dicho riesgo y las medidas adoptadas o que deban adoptarse.

b) Establecer un complemento salarial específico por peligrosidad en el trabajo.

c) Indemnizar a los trabajadores afectados por los daños o perjuicios que se lleguen a producir.

d) Comunicar dicha situación a los representantes legales de los trabajadores.

5. Cuando el empresario no adopte o no permita adoptar las medidas necesarias para garantizar la seguridad y salud de los trabajadores:

a) Cualquier representante legal de los trabajadores podrá decidir la paralización de la actividad de los trabajadores afectados por el riesgo grave e inminente.

b) Los representantes legales de los trabajadores podrán acordar, por mayoría de sus miembros, la paralización de la actividad de los trabajadores afectados por el riesgo grave e inminente.

c) Los representantes legales de los trabajadores deberán comunicar a la Autoridad Laboral la situación de riesgo grave e inminente para que esta adopte en el plazo máximo de veinticuatro horas las medidas oportunas.

d) Los trabajadores afectados deberán presentar demanda por el incumplimiento del empresario ante el Juzgado de lo Social correspondiente.

6. Respecto de la vigilancia de la salud de los trabajadores:

a) Ningún trabajador podrá negarse a prestar su consentimiento para que la vigilancia de su salud pueda realizarse periódicamente en función de los riesgos del trabajo.

b) En todo caso, la vigilancia periódica de la salud se prolongará exclusivamente por el período de tiempo que permanezca vigente la relación laboral.

c) Solo deberá llevarse a cabo cuando el trabajador preste su consentimiento, salvo los supuestos en los que la realización de los reconocimientos sea imprescindible para evaluar los efectos de las condiciones de trabajo o para verificar si el estado de salud del trabajador puede constituir riesgo para él mismo o para los demás trabajadores o personas relacionadas con la empresa.

d) Los resultados de dicha vigilancia serán comunicados únicamente al médico facultativo que corresponda a cada trabajador.

7. En casos de maternidad, el empresario adoptará las medidas necesarias para evitar la exposición a los riesgos, a través de la adaptación de las condiciones o del tiempo de trabajo. Cuando la adaptación no resultase posible:

a) La trabajadora verá suspendido su contrato de trabajo, sin merma de sus retribuciones, hasta que desaparezca el riesgo para su situación de embarazo, o período de lactancia.

b) La trabajadora deberá desempeñar un puesto de trabajo o función diferente y compatible con su estado, hasta que el estado de salud permita su reincorporación al anterior puesto, percibiendo las retribuciones del puesto de trabajo que efectivamente ocupe.

c) La trabajadora tendrá derecho a ausentarse del trabajo, con la deducción proporcional de retribuciones, para la realización de exámenes prenatales y técnicas de preparación al parto, previo aviso al empresario y justificación de la necesidad de su realización dentro de la jornada de trabajo.

d) La trabajadora deberá desempeñar un puesto de trabajo o función diferente y compatible con su estado, hasta que el estado de salud permita su reincorporación al anterior puesto, conservando el derecho al conjunto de retribuciones de su puesto de origen.

8. El incumplimiento por los trabajadores de las obligaciones en materia de prevención de riesgos:

a) Dará lugar a su despido inmediato de la empresa o a la pérdida de la condición de funcionario público.

b) No lleva aparejada ninguna consecuencia si no se producen resultados perjudiciales.

c) Tendrá la consideración de incumplimiento laboral a los efectos previstos en el artículo 58.1 del Estatuto de los Trabajadores o de falta, en su caso, según la normativa sobre régimen disciplinario de los funcionarios públicos o del personal estatutario al servicio de las Administraciones Públicas.

d) Llevará consigo la obligación de indemnizar al empresario en la cuantía que este pacte con los representantes legales de los trabajadores.

9. En cuanto a la formación del trabajador en materia preventiva:

a) El empresario deberá garantizar que cada trabajador reciba una formación teórica y práctica, suficiente y adecuada, únicamente en el momento de su contratación.

b) El empresario deberá garantizar que cada trabajador reciba una formación teórica y práctica, suficiente y adecuada, únicamente cuando se produzcan cambios en las funciones que desempeñe.

c) El empresario no tiene ninguna obligación, salvo aquellas que se deriven de los Convenios de la OIT ratificados por España.

d) La formación deberá estar enfocada específicamente en el puesto de trabajo o función que cada trabajador desempeñe, adaptándose a la evolución de los riesgos.

10. La formación del trabajador en materia preventiva deberá impartirse:

a) En todo caso, dentro de la jornada de trabajo.

b) La formación se podrá impartir por la empresa mediante medios propios o concertándola con servicios ajenos.

c) Recayendo su coste sobre los trabajadores y sus representantes legales.

d) El incumplimiento del deber de formación, según lo establecido por el Texto Refundido de la Ley de Infracciones y Sanciones del Orden Social puede ser constitutivo de infracción leve.

11. Las trabajadoras embarazadas:

a) Tendrán derecho a ausentarse de su puesto de trabajo durante todo el embarazo, percibiendo el 75 por 100 de sus retribuciones.

b) No tienen ninguna consideración especial en materia de prevención de riesgos laborales.

c) Tendrán derecho a ausentarse del trabajo, con derecho a remuneración, para la realización de exámenes prenatales y técnicas de preparación al parto, previo aviso al empresario y justificación de la necesidad de su realización dentro de la jornada de trabajo.

d) Tendrán derecho a ausentarse del trabajo, con derecho a remuneración, para la realización de exámenes prenatales y técnicas de preparación al parto, sin necesidad de preavisar al empresario y sin que se exija justificación de la necesidad de su realización dentro de la jornada de trabajo.

12. ¿Cuál de los siguientes principios integra el deber general de prevención en la aplicación de las medidas de prevención por el empresario?

a) Evaluar todos los riesgos, se puedan evitar o no.

b) Tener en cuenta la evolución de la técnica.

c) Adoptar las medidas que antepongan la protección individual a la colectiva.

d) No dar instrucciones a los trabajadores, para no confundirles.

13. Cuando la utilización de un equipo de trabajo pueda presentar riesgo para la seguridad de los trabajadores, el empresario adoptará las medidas necesarias teniendo en cuenta:

a) Que los equipos de trabajo deben seleccionarse con arreglo a las últimas innovaciones tecnológicas.

b) Los informes que los representantes de los trabajadores hayan presentado sobre la utilización de dichos equipos de trabajo.

c) Que los trabajos de reparación, transformación, mantenimiento y conservación sean realizados por los trabajadores específicamente capacitados para ello.

d) Las directrices que al respecto haya establecido la Comisión Nacional de Seguridad y Salud en el trabajo.

14. No se encuentra entre los principios de la acción preventiva:

a) Evaluar todos los riesgos, incluso los que sean evitables.

b) Adaptar el trabajo a la persona, en cuanto a la elección de equipos y métodos de trabajo y producción.

c) Planificar la prevención.
d) Adoptar medidas que antepongan la protección colectiva a la individual.

15. Sobre los principios de la acción preventiva es cierto que:

a) El empresario no podrá concertar operaciones de seguro que tengan como fin garantizar la previsión de riesgos derivados del trabajo.
b) La acción preventiva se planificará por el empresario a partir de una evaluación de los riesgos para la seguridad y salud de los trabajadores, que se realizará por los técnicos del Instituto Nacional de Seguridad y Salud en el Trabajo con carácter general según la naturaleza de la actividad y en base a los posibles riesgos especiales.
c) Cuando cambien las condiciones de trabajo no se debe actualizar la evaluación de riesgos inicial, sino realizar una evaluación nueva.
d) Las actividades de prevención como consecuencia de la evaluación de riesgos deberán ser modificadas por el empresario cuando se detecte su inadecuación a los fines de protección, o cuando aparezcan indicios de que las medidas de prevención resultan insuficientes.

16. ¿Quién debe adoptar las medidas necesarias para que los trabajadores reciban información sobre los riesgos para su seguridad y salud?

a) El Comité de Seguridad e Higiene.
b) Los Delegados de Prevención.
c) El empresario.
d) La Autoridad Laboral competente en materia de seguridad y salud laboral.

17. La información que en materia de seguridad y salud laboral deben recibir los trabajadores debe abarcar:

a) Los riesgos para la seguridad de los trabajadores; no para su salud, porque estos son competencia de las autoridades sanitarias.
b) Las medidas y actividades y prevención aplicables; sobre las medidas de protección o existe obligación de información por el empresario porque son competencia de Protección Civil.
c) Las medidas que se deben aplicar en situaciones de emergencia, únicamente en empresas de más de 50 trabajadores, por el especial riesgo.
d) Las medidas necesarias a adoptar por el empresario ante situaciones de emergencia.

18. No es una característica de la formación preventiva que deben recibir los trabajadores:

a) Debe ser teórica y práctica.
b) Debe ser suficiente y adecuada.
c) Debe impartirse tanto en el momento de la contratación del trabajador como cuando se produzcan cambios en las funciones que se desempeñen.
d) Su coste debe ser sufragado por los trabajadores y sus representantes.

19. La formación preventiva no debe impartirse a los trabajadores:

a) Fuera de la jornada de trabajo, siempre que sea posible.
b) Siempre por la empresa con medios propios.
c) Sin que su coste recaiga en ellos.
d) Siempre por los mandos intermedios de la empresa.

20. Ante una situación de riesgo grave e inminente:

b) El empresario debe adoptar las medidas y dar instrucciones necesarias para que los trabajadores no puedan interrumpir su actividad.

b) No podrá exigirse que los trabajadores reanuden la actividad mientras persista el peligro.

c) El empresario debe disponer lo necesario para que el trabajador no pueda adoptar por sí mismo las medidas necesarias para evitar las consecuencias del peligro.

d) El empresario debe analizar las posibles situaciones de emergencia sin que tenga que designar para ello personal encargado de poner en práctica las medidas adoptadas porque esta medida laboral tendrá que ser asumida por los técnicos del servicio de prevención con el que se haya contratado.

En MADTEST tienes **más preguntas de este tema**, y todos tus avances quedan registrados y se reflejan en el ranking.

¡Supera tus límites con MADTEST!

Solución al test n.º 15

1. d) El empresario llevará a cabo la evaluación de riesgos y la adopción inicial de medidas preventivas sin que sea obligatorio desarrollar una acción permanente de seguimiento de la actividad preventiva.

2. c) La evaluación inicial deberá ser actualizada cuando cambien las condiciones de trabajo.

3. c) En las empresas en que existan representantes de los trabajadores, la información se facilitará por el empresario a los trabajadores a través de dichos representantes.

4. a) Informar lo antes posible a todos los trabajadores afectados sobre la existencia de dicho riesgo y las medidas adoptadas o que deban adoptarse.

5. b) Los representantes legales de los trabajadores podrán acordar, por mayoría de sus miembros, la paralización de la actividad de los trabajadores afectados por el riesgo grave e inminente.

6. c) Solo deberá llevarse a cabo cuando el trabajador preste su consentimiento, salvo los supuestos en los que la realización de los reconocimientos sea imprescindible para evaluar los efectos de las condiciones de trabajo o para verificar si el estado de salud del trabajador puede constituir riesgo para él mismo o para los demás trabajadores o personas relacionadas con la empresa.

7. d) La trabajadora deberá desempeñar un puesto de trabajo o función diferente y compatible con su estado, hasta que el estado de salud permita su reincorporación al anterior puesto, conservando el derecho al conjunto de retribuciones de su puesto de origen.

8. c) Tendrá la consideración de incumplimiento laboral a los efectos previstos en el artículo 58.1 del Estatuto de los Trabajadores o de falta, en su caso, según la normativa sobre régimen disciplinario de los funcionarios públicos o del personal estatutario al servicio de las Administraciones Públicas.

9. d) La formación deberá estar enfocada específicamente en el puesto de trabajo o función que cada trabajador desempeñe, adaptándose a la evolución de los riesgos.

10. b) La formación se podrá impartir por la empresa mediante medios propios o concertándola con servicios ajenos.

11. c) Tendrán derecho a ausentarse del trabajo, con derecho a remuneración, para la realización de exámenes prenatales y técnicas de preparación al parto, previo aviso al empresario y justificación de la necesidad de su realización dentro de la jornada de trabajo.

12. b) Tener en cuenta la evolución de la técnica.

13. c) Que los trabajos de reparación, transformación, mantenimiento y conservación sean realizados por los trabajadores específicamente capacitados para ello.

14. a) Evaluar todos los riesgos, incluso los que sean evitables.

15. d) Las actividades de prevención como consecuencia de la evaluación de riesgos deberán ser modificadas por el empresario cuando se detecte su inadecuación a los fines de protección, o cuando aparezcan indicios de que las medidas de prevención resultan insuficientes.

16. c) El empresario.

17. d) Las medidas necesarias a adoptar por el empresario ante situaciones de emergencia.

18. d) Su coste debe ser sufragado por los trabajadores y sus representantes.

19. a) Fuera de la jornada de trabajo, siempre que sea posible.

20. b) No podrá exigirse que los trabajadores reanuden la actividad mientras persista el peligro.

TEST N.º 16

Igualdad: Disposiciones generales. Transparencia y acceso a la información pública: conceptos fundamentales. La protección de datos de carácter personal: principios reguladores y derechos de las personas

1. La ley que regula a nivel estatal la igualdad efectiva de mujeres y hombres es:

a) La Ley 3/2007, de 12 de marzo.
b) La Ley orgánica 22/2007, de 3 de abril.
c) La Ley orgánica 3/2007, de 22 de marzo.
d) El Decreto Legislativo 7/2003, de 23 de mayo.

2. ¿Qué artículo de la Constitución Española consagra la igualdad de todos los españoles ante la ley?

a) El artículo 8.
b) El artículo 14.
c) El artículo 21.
d) El artículo 27.

3. Todo trato desfavorable a las mujeres relacionado con el embarazo o la maternidad constituye:

a) Acoso sexual.
b) Acoso por razón de sexo.
c) Discriminación directa por razón de sexo.
d) Discriminación indirecta por razón de sexo.

4. Cualquier comportamiento realizado en función del sexo de una persona, con el propósito o efecto de atentar contra su dignidad y de crear un entorno intimidatorio, degradante u ofensivo, constituye:

a) Acoso sexual.
b) Acoso por razón de sexo.
c) Discriminación directa por razón de sexo.
d) Discriminación indirecta por razón de sexo.

5. Los actos y las cláusulas de los negocios jurídicos que constituyan o causen discriminación por razón de sexo se considerarán:

a) Válidos, si todas las partes consienten.
b) Anulables y sin efecto durante el primer año; pasado ese tiempo, si no hay denuncia, tendrán efectos legales.
c) Nulos, pero con efecto.
d) Nulos y sin efecto.

6. La capacidad y la legitimación para intervenir en los procesos civiles, sociales y contencioso-administrativos que versen sobre la defensa del derecho de igualdad entre mujeres y hombres, corresponden a:

a) La persona acosada, únicamente.
b) Cualquier ciudadano.
c) Las personas físicas y jurídicas con interés legítimo.
d) Cualquier persona jurídica.

7. Según el artículo 15 de la Ley estatal para la Igualdad efectiva entre Mujeres y Hombres, el principio de igualdad de trato y oportunidades informará la actuación de todos los poderes públicos:

a) Con carácter transversal.
b) De forma equilibrada.
c) Solo cuando se trate de colectivos de especial vulnerabilidad o de violencia de hecho.
d) Con carácter no vinculante.

8. Los proyectos de disposiciones de carácter general y los planes de especial relevancia económica, social, cultural y artística que se sometan a la aprobación del Consejo de Ministros deberán incorporar:

a) Un Plan Estratégico de Igualdad de Oportunidades.
b) Una estadística o encuesta que posibilite el conocimiento de las diferencias en los valores, roles, situaciones y condiciones, de mujeres y hombres en el ámbito de acción del proyecto o plan.
c) Un informe periódico sobre el conjunto de sus actuaciones en relación con la efectividad del principio de igualdad entre mujeres y hombres.
d) Un informe sobre su impacto por razón de género.

9. ¿Qué se define como la asunción de responsabilidad por parte de los hombres en las tareas domésticas, el cuidado, la atención y la educación de hijos e hijas, como acción indispensable para el reparto equilibrado e igualitario de las cargas familiares?

a) Equidad.
b) Conciliación.
c) Transversalidad.
d) Corresponsabilidad.

10. Conforme al artículo 3.8 de la Ley 7/2007, de 4 de abril, para la Igualdad entre Mujeres y Hombres, y de Protección contra la Violencia de Género en la Región de Murcia, la protección del derecho a la maternidad está asumida por los poderes públicos de la Región de Murcia como:

a) Un bien insustituible.
b) Un derecho fundamental.
c) Una responsabilidad social.
d) Un objetivo general.

11. Según el artículo 26.4 de la Ley 12/2014, de 16 de diciembre, de Transparencia y Participación Ciudadana de la Comunidad Autónoma de la Región de Murcia, las solicitudes de acceso a la información pública podrán ser inadmitidas a trámite, previa resolución motivada, que deberá ser notificada al solicitante en el plazo máximo desde la recepción de la solicitud por el órgano competente para resolver, de:

a) 7 días.
b) 15 días.
c) 20 días.
d) 30 días.

12. La cualidad que permite y facilita el acceso de los ciudadanos a la información pública en poder de la Administración dentro de los límites establecidos por la legislación vigente, se conoce como:

a) Accesibilidad.
b) Transparencia.
c) Objetividad.
d) Buen gobierno.

13. El órgano de control del cumplimiento de las obligaciones de publicidad por parte de las entidades e instituciones obligadas de la Administración de la Región de Murcia, es:

a) El Comité de Transparencia.
b) El Portal de Transparencia.
c) El Comité de Transparencia y buen gobierno.
d) El Comisionado de Transparencia.

14. El artículo 105.b de la Constitución Española determina que la ley regule el acceso de los ciudadanos a los archivos y registros administrativos, salvo en lo que afecte a la seguridad y defensa del Estado, la averiguación de los delitos y:

a) El secreto profesional.
b) La protección de los menores.

c) La intimidad de las personas.
d) La política económica y tributaria.

15. El acceso a la información pública requiere:

a) Solicitud previa.
b) Acreditación de la condición de interesado.
c) Motivación expresa.
d) La utilización de medios telemáticos.

16. ¿Qué principio inspirador de la Ley 12/2014, de 16 de diciembre, de Transparencia y Participación Ciudadana de la Comunidad Autónoma de la Región de Murcia, está enfocado a garantizar la interacción de las distintas instancias públicas, los entornos cívicos y económicos, y la ciudadanía, en el proceso de toma de decisiones?

a) Principio de accesibilidad.
b) Principio de participación y colaboración ciudadanas.
c) Principio de gobernanza.
d) Principio de modernización.

17. El acceso parcial a la información pública se dará:

a) En ningún caso.
b) Cuando la aplicación de los límites de acceso no afecte a la totalidad de la información.
c) En todo caso.
d) Cuando de la aplicación de los límites de acceso resultara una información desordenada o incomprensible.

18. ¿En virtud de qué principio previsto por el Reglamento General de Protección de Datos, los datos personales serán adecuados, pertinentes y limitados a lo necesario en relación con los fines para los que son tratados?

a) Principio de exactitud.
b) Principio de limitación de la finalidad.
c) Principio de responsabilidad proactiva.
d) Principio de minimización de datos.

19. Según el artículo 5 del Reglamento (UE) 2016/679, de 27 de abril, relativo a la protección de las personas físicas en lo que respecta al tratamiento de datos personales y a la libre circulación de estos datos, los datos personales serán tratados, en relación con el interesado, de manera lícita, leal y:

a) Fiable.
b) Segura.

c) Confidencial.
d) Transparente.

20. Según el Reglamento (UE) 2016/679, de 27 de abril, relativo a la protección de las personas físicas en lo que respecta al tratamiento de datos personales y a la libre circulación de estos datos, para poder considerar que el consentimiento del interesado para el tratamiento de sus datos personales es inequívoco:

a) Se requerirá declaración jurada del interesado donde manifieste su conformidad.
b) Se precisa contrato de cesión de datos personales.
c) Deberá existir una declaración del interesado o una acción positiva que manifieste su conformidad.
d) Bastará con el consentimiento por silencio, casillas ya marcadas o inacción.

En MADTEST tienes **más preguntas de este tema**, y todos tus avances quedan registrados y se reflejan en el ranking.

¡Supera tus límites con MADTEST!

Solución al test n.º 16

1. c) La Ley orgánica 3/2007, de 22 de marzo.

2. b) El artículo 14.

3. c) Discriminación directa por razón de sexo.

4. b) Acoso por razón de sexo.

5. d) Nulos y sin efecto.

6. c) Las personas físicas y jurídicas con interés legítimo.

7. a) Con carácter transversal.

8. d) Un informe sobre su impacto por razón de género.

9. d) Corresponsabilidad.

10. a) Un bien insustituible.

11. c) 20 días.

12. b) Transparencia.

13. d) El Comisionado de Transparencia.

14. c) La intimidad de las personas.

15. a) Solicitud previa.

16. c) Principio de gobernanza.

17. b) Cuando la aplicación de los límites de acceso no afecte a la totalidad de la información.

18. d) Principio de minimización de datos.

19. d) Transparente.

20. c) Deberá existir una declaración del interesado o una acción positiva que manifieste su conformidad.

SEGUNDA PARTE

TEST N.º 1

PRESENTACIONES CON POWERPOINT 2016

1. El panel de notas:

a) Ofrece un espacio para ver notas dictadas del orador.
b) Ofrece un espacio para introducir notas del orador.
c) Ofrece un espacio para introducir notas dictadas del orador.
d) Ninguna es correcta.

2. ¿Cuál de los siguientes es un consejo a seguir para obtener una buena presentación?

a) Estética agradable.
b) Estructurar el texto en viñetas.
c) Simplicidad.
d) Todas son correctas.

3. La vista Lectura muestra la presentación:

a) De las cinco primeras diapositivas.
b) Junto con el panel de notas.
c) En pantalla completa.
d) Ninguna es correcta.

4. Si ya tenemos varias diapositivas en una presentación, ¿podemos cambiar el diseño de la plantilla?

a) Sí, desde el panel de Diseño.
b) Sí, desde el panel de Inicio.
c) Sí, desde el panel de Formato.
d) No es posible.

5. Por defecto en la versión 2016 del PowerPoint, el formato por defecto al guardar es:

a) Presentación (*.ppt).
b) Presentación (*.ptp).

c) Presentación (*.pptm).
d) Ninguna es correcta.

6.Una combinación de teclas para cerrar la presentación es:

a) Alt + X + F1.
b) Ctrol + F4.
c) Alt + F4.
d) Ninguna es correcta.

7. Una combinación de teclas para abrir una presentación es:

a) Ctrol + F4.
b) Ctrol + A.
c) Alt + F4.
d) Ninguna es correcta.

8. ¿Cuál no es un tipo de diapositiva para insertar en una presentación?

a) Diapositiva de Título.
b) Solo el Título.
c) En blanco.
d) Todas son válidas.

9. La opción de "Volver a utilizar diapositivas" sirve para reutilizar diapositivas de:

a) La presentación actual.
b) Otras presentaciones, creando una copia.
c) Otras presentaciones, creando un vínculo con la original.
d) Ninguna es correcta.

10. En un cuadro de texto ¿se puede hacer diferentes formatos de fuente?

a) Sí.
b) Sí, pero solo de tipo de Fuente.
c) Sí, pero solo de colores de Fuente.
d) No es posible.

11. Para disminuir un nivel de sangría en el texto de una diapositiva se puede usar la combinación:

a) Ctrol + TAB.
b) May + TAB.
c) TAB.
d) Ninguna es correcta.

12. ¿Cuál de las siguientes no es un tipo de grafico estadístico que existe en PowerPoint 2016?

a) Cajas y bigotes.
b) Protección solar.
c) Rústico.
d) Todas son válidas.

13. ¿Qué nombre reciben los diagramas en PowerPoint 2016?

a) Bloques.
b) WordArt.
c) SmartArt.
d) Ninguna es correcta.

14. ¿Cuál de las siguientes no es un diagrama que existe en PowerPoint 2016?

a) Matriz.
b) Pirámide.
c) Relación.
d) Todas son correctas.

15. ¿Cuál es el buscador por defecto de imágenes en línea del PowerPoint 2016?

a) OneDrive.
b) Bing.
c) Google.
d) Ninguna es correcta.

16. ¿Cuál de las siguientes no es un grupo de formas en el PowerPoint 2016?

a) Formas de ecuación.
b) Llamadas.
c) Acciones.
d) Todas son correctas.

17. ¿Cuál de las siguientes no es un tipo de alineación que podemos usar con objetos de formas en PowerPoint 2016?

a) A la izquierda.
b) Al medio.
c) Verticalmente.
d) Todas son correctas.

18. Los efectos de entrada que podemos colocar a las diapositivas se denominan:

a) Secuenciales.
b) De Animación.

c) De Transición.
d) Ninguna es correcta.

19. ¿Cuál de las siguientes no es una opción valida de la pluma durante la presentación?

a) Puntero Láser.
b) Borrador.
c) Resaltado.
d) Todas son correctas.

20. La opción de crear un documento PDF / XPS:

a) Es de exportar la presentación.
b) Es de presentaciones interactivas.
c) Es una opción de imprimir.
d) Ninguna es correcta.

En MADTEST tienes **más preguntas de este tema**, y todos tus avances quedan registrados y se reflejan en el ranking.

¡Supera tus límites con MADTEST!

Solución al test n.º 1

1. b) Ofrece un espacio para introducir notas del orador.

2. d) Todas son correctas.

3. c) En pantalla completa.

4. a) Sí, desde el panel de Diseño.

5. d) Ninguna es correcta.

6. b) Ctrol + F4.

7. b) Ctrol + A.

8. d) Todas son válidas.

9. b) Otras presentaciones, creando una copia.

10. a) Sí.

11. c) TAB.

12. c) Rústico.

13. c) SmartArt.

14. d) Todas son correctas.

15. b) Bing.

16. c) Acciones.

17. d) Todas son correctas.

18. c) De Transición.

19. c) Resaltado.

20. a) Es de exportar la presentación.

TEST N.º 2

HOJA DE CÁLCULO EXCEL 2016

1. En la celda activa de Excel 2016 podemos introducir:

a) Fórmulas y Tablas de datos.
b) Fórmulas y datos constantes.
c) Ambas son correctas.
d) Ninguna es correcta.

2. Las constantes de Excel 2016 pueden ser valores:

a) Numéricos y de tipo texto.
b) Horas y Fechas.
c) Ambas son correctas.
d) Ninguna es correcta.

3. Si en una celda aparecen símbolos de sostenido (#####):

a) Está en notación científica negativa.
b) Es un valor de texto incorrecto.
c) El valor no cabe en la altura de la celda.
d) Ninguna es correcta.

4. De manera predeterminada, Excel 2016:

a) Muestra 1 hoja de cálculo.
b) Muestra 5 hojas de cálculo.
c) Muestra 10 hojas de cálculo.
d) Ninguna es correcta.

5. La opción de ocultar Hoja de Excel 2016 podemos encontrarla en:

a) El botón de lista Insertar.
b) El botón de lista Hoja.
c) El botón de lista Formato.
d) Ninguna es correcta.

6. La etiqueta de la hoja de cálculo se colorea totalmente cuando:

a) Estás en una hoja distinta.
b) Estás en la propia hoja.
c) Ambas son correctas.
d) Ninguna es correcta.

7. En la ficha de Diseño de Página, en el grupo Configurar Página, podemos:

a) Definir los márgenes de la hoja.
b) Definir los saltos de página.
c) Ambas son correctas.
d) Ninguna es correcta.

8. La escala de ajuste de la hoja de cálculo, tiene un valor máximo de:

a) 100 %.
b) 400 %.
c) 250 %.
d) Ninguna es correcta.

9. Un encabezado en Excel 2016 es la parte de la Hoja que está:

a) Entre el borde inferior y el margen superior.
b) Entre el borde inferior y el margen inferior.
c) Entre el borde superior y el margen superior.
d) Ninguna es correcta.

10. El código #N/A es:

a) Error de acceso a la celda.
b) Formula matricial.
c) Error de celda.
d) Ninguna es correcta.

11. Las funciones de Excel 2016 son:

a) Fórmulas predefinidas.
b) Cálculos predefinidos.
c) Argumentos predefinidos.
d) Ninguna es correcta.

12. La función "=SUMA(A1 ; A8 ; A10):

a) Suma todas las celdas desde la A1 a la A8 y además la A10.
b) Suma todas las celdas desde la A1 a la A10 menos la A8.

c) Suma todas las celdas desde la A1 a la A8 y el resultado lo coloca en la A10.
d) Ninguna es correcta.

13. La función "=SUMA(A1 ; 3 ; A8):

a) Suma 3 veces la celda A1 y la A8.
b) Suma la celda A1 y 3 veces la celda A8.
c) No es una formula correcta.
d) Ninguna es correcta.

14. La función RESIDUO:

a) Calcula el interés residual de un préstamo.
b) Devuelve el resto de una división.
c) Ambas son correctas.
d) Ninguna es correcta.

15. La función" =REDONDEAR (B3 ; -2)":

a) Dará un error como resultado.
b) Redondea el valor B3 al valor más cercano a "-2".
c) Redondea el valor B3 y le resta "2".
d) Ninguna es correcta.

16. Un gráfico en Excel 2016 puede tener:

a) Eje X.
b) Eje X, Eje Y.
c) Eje X, Eje Y, Eje Z.
d) Ninguna es correcta.

17. El eje de valores de un gráfico en columnas:

a) Puede ser el eje vertical.
b) Puede ser el eje horizontal.
c) Ambas son correctas.
d) Ninguna es correcta.

18. Si en los rótulos de la lista aparecen botones de lista desplegable es porque:

a) Se ha realizado una ordenación personalizada.
b) Se ha realizado un Filtrado.
c) Se ha realizado un Subtotal.
d) Ninguna es correcta.

19. Los datos de una lista de una hoja de cálculo se ordenan:

a) Alfabéticamente.
b) Personalizadamente.
c) Ambas son correctas.
d) Ninguna es correcta.

20. El área de trazado de un gráfico:

a) Es el área total ocupada por el gráfico.
b) Es el área que ocupa la representación de las series de datos.
c) Es el área que ocupan el título y la leyenda del gráfico.
d) Ninguna es correcta.

En MADTEST tienes **más preguntas de este tema**, y todos tus avances quedan registrados y se reflejan en el ranking.

¡Supera tus límites con MADTEST!

Solución al test n.º 2

1. b) Fórmulas y datos constantes.

2. c) Ambas son correctas.

3. d) Ninguna es correcta.

4. a) Muestra 1 hoja de cálculo.

5. c) El botón de lista Formato.

6. a) Estás en una hoja distinta.

7. c) Ambas son correctas.

8. b) 400 %.

9. c) Entre el borde superior y el margen superior.

10. c) Error de celda.

11. a) Fórmulas predefinidas.

12. d) Ninguna es correcta.

13. d) Ninguna es correcta.

14. b) Devuelve el resto de una división.

15. d) Ninguna es correcta.

16. c) Eje X, Eje Y, Eje Z.

17. c) Ambas son correctas.

18. b) Se ha realizado un Filtrado.

19. c) Ambas son correctas.

20. b) Es el área que ocupa la representación de las series de datos.

TEST N.º 3

FIRMA ELECTRÓNICA Y CERTIFICADOS DIGITALES

1. ¿Cuál es el objetivo principal del cifrado como técnica criptográfica, de acuerdo con su definición general?

a) Garantizar la confidencialidad de los datos durante su almacenamiento o transmisión.
b) Proporcionar autenticidad, integridad y no repudio del documento.
c) Transformar un mensaje en una cadena de longitud fija llamada huella digital.
d) Vincular la identidad de una persona con una clave pública mediante un documento electrónico.

2. La criptografía asimétrica utiliza un par de claves matemáticamente relacionadas. En un proceso de cifrado, ¿qué clave debe usar el destinatario para recuperar el texto en claro?

a) La clave pública del emisor, que es de libre difusión.
b) La clave simétrica previamente intercambiada.
c) La clave pública del destinatario, que se incluye en el certificado digital.
d) Su clave privada, que debe mantenerse secreta por su titular.

3. La finalidad esencial de la firma electrónica es equivalente a la de la firma manuscrita sobre papel. Esta finalidad es:

a) Garantizar exclusivamente la confidencialidad de la información transmitida.
b) Proteger la clave privada mediante un algoritmo de cifrado.
c) Identificar al firmante y vincularlo con un documento, utilizando medios digitales.
d) Asegurar que el documento pueda ser descifrado por terceros autorizados.

4. ¿Qué tipo de firma electrónica, según la normativa europea eIDAS y su desarrollo en España, tiene efectos jurídicos equivalentes a la firma manuscrita, debido a sus requisitos estrictos de seguridad?

a) Firma electrónica simple, al marcar una casilla de aceptación en un formulario web.
b) Firma electrónica cualificada, ya que se basa en un certificado cualificado y un dispositivo cualificado de creación de firma.

c) Firma electrónica avanzada, siempre que permita identificar al firmante cualificado y un dispositivo cualificado de creación de firma.

d) Firma electrónica generada mediante el sistema Cl@ve Firma.

5. En el contexto de la firma electrónica, las funciones resumen (o funciones hash) son fundamentales porque su uso combinado con la criptografía asimétrica garantiza:

a) La autenticidad del firmante (a través de la clave privada).

b) La confidencialidad de la información antes de ser firmada.

c) La no repudio de la actuación, vinculando al firmante con el contenido.

d) La integridad del documento, al detectar cualquier modificación posterior a la firma.

6. ¿Cuál de los siguientes elementos es característico y esencial de la firma electrónica avanzada?

a) Se crea exclusivamente mediante un dispositivo cualificado de creación de firma.

b) Se basa únicamente en el uso de la clave pública del destinatario.

c) Debe estar vinculada al documento de forma única, permitiendo detectar cualquier modificación de los datos firmados.

d) El único ejemplo habitual es escribir el nombre al final de un correo electrónico.

7. Un certificado digital es un documento electrónico. ¿Cuál de estos datos no se incluye directamente en el certificado digital, sino que permanece bajo control exclusivo del titular?

a) La clave pública del titular.

b) La identidad del titular (Nombre/NIF).

c) La clave privada asociada a la clave pública.

d) La firma electrónica de la Autoridad de Certificación que lo emite.

8. ¿Qué papel desempeña la Fábrica Nacional de Moneda y Timbre – Real Casa de la Moneda (FNMT-RCM) en el esquema de certificados digitales en España?

a) Administra únicamente el sistema Cl@ve PIN para el acceso ocasional y emitiendo certificados de persona física y de entidades.

b) Es la entidad encargada de emitir y gestionar el PIN del DNIe.

c) Se encarga únicamente del cifrado de la información en tránsito.

d) Actúa como Autoridad de Certificación (AC), emitiendo certificados de persona física y de entidades.

9. En relación con el ciclo de vida de un certificado digital, la situación en la que este se anula antes de su fecha de caducidad (por ejemplo, debido a la pérdida o compromiso de la clave privada) se denomina:

a) Caducado.

b) Revocado.

c) Bloqueado.
d) Vigente.

10. ¿Cuál es el principal requisito técnico imprescindible para que un ciudadano pueda usar su DNI electrónico (DNIe) para identificarse y firmar en un puesto de trabajo?

a) Disponer únicamente del DNIe y un navegador web actualizado y conocer el PIN del DNIe

b) Contar solo con la aplicación Autofirma instalada y el certificado de firma vigente.

c) Tener exclusivamente el CAN (Clave Numérica) visible en la tarjeta.

d) Disponer de un lector de tarjetas inteligentes, el software/drivers adecuados y conocer el PIN del DNIe.

11. Los certificados digitales incorporados en el chip del DNIe cumplen una doble función esencial. ¿Cuáles son estos dos tipos de certificados que aloja el DNIe?

a) Certificado de clave privada y Certificado de clave pública.

b) Certificado de sede electrónica y Certificado de sello electrónico.

c) Certificado de autenticación para identificación y Certificado de firma para generar firmas electrónicas.

d) Certificado Cl@ve Permanente y Certificado Cl@ve PIN.

12. En la gestión de las buenas prácticas de seguridad para un certificado digital de la FNMT, si se realiza una copia de seguridad del certificado, esta debe estar:

a) Almacenada en el navegador para facilitar el acceso.

b) En formato de texto claro para poder verificar la clave pública.

c) Siempre en el disco duro del ordenador donde se realiza la solicitud.

d) Cifrada y protegida con una contraseña robusta.

13. El sistema Cl@ve fue creado en España con el objetivo principal de:

a) Sustituir totalmente el uso del DNIe y los certificados digitales instalados.

b) Ser el único sistema de firma electrónica cualificada disponible para los ciudadanos.

c) Proporcionar un sistema común y unificado de identificación, autenticación y firma electrónica para acceder a servicios públicos.

d) Permitir únicamente la tramitación por Internet a personas jurídicas y empresas.

14. ¿Cuál de las modalidades del sistema Cl@ve se caracteriza por ser un sistema de identificación de validez temporal y utiliza una contraseña de un solo uso?

a) Cl@ve PIN, orientada a usuarios que acceden de forma ocasional a los servicios.

b) Cl@ve Permanente, orientada a usuarios que acceden de forma frecuente.

c) Cl@ve Firma, que permite la firma electrónica en la nube.

d) Cl@ve Certificado, que sustituye al certificado FNMT.

15. Cl@ve Firma es un servicio de firma electrónica que facilita las gestiones al ciudadano porque permite realizar firmas electrónicas avanzadas:

a) Utilizando la tarjeta criptográfica del DNIe sin necesidad de lector, sin que el certificado esté instalado en su equipo

b) Únicamente para trámites internos que no tienen validez jurídica.

c) En la nube, basándose en la identidad del usuario en el sistema Cl@ve, sin que el certificado esté instalado en su equipo.

d) Solo para la autenticación y el inicio de sesión, no para firmar documentos.

16. En el ciclo básico de obtención de un certificado de persona física de la FNMT, una vez que el usuario ha realizado la Solicitud por Internet y obtenido el código, ¿cuál es la fase inmediata y obligatoria para continuar con el proceso?

a) Descarga directa del certificado en el navegador.

b) Acreditación de la identidad del ciudadano, normalmente personándose en una oficina de registro.

c) Instalación de la clave privada en un dispositivo criptográfico.

d) Renovación automática del período de validez del certificado.

17. Respecto al uso del DNIe, ¿qué puede ocurrir si el titular excede el número limitado de intentos para introducir el PIN?

a) Los certificados de autenticación y firma se revocan automáticamente.

b) El documento físico (la tarjeta) caduca inmediatamente.

c) El PIN puede quedar bloqueado, siendo necesario gestionarlo en Puntos de Actualización del DNIe.

d) El certificado de autenticación se elimina, pero el de firma permanece utilizable.

18. En el ámbito corporativo y de la Administración, para la firma de documentos internos como informes o resoluciones que siguen un flujo de trabajo predefinido, la herramienta más adecuada para la gestión de estos circuitos de firma es:

a) Autofirma, ya que está diseñada para la firma individual desde el puesto de usuario y registran la traza de las actuaciones

b) Portafirmas (o herramientas equivalentes), que gestionan la bandeja de documentos pendientes y registran la traza de las actuaciones.

c) El DNIe insertado directamente sin necesidad de software.

d) Las Listas de Certificados Revocados (CRL).

19. De las siguientes opciones, ¿cuál representa una de las buenas prácticas esenciales que debe seguir el titular de un certificado digital o DNIe para proteger su identidad digital?

a) Instalar el certificado en múltiples dispositivos y compartir las contraseñas para agilizar los trámites.

b) No revisar la vigencia del certificado hasta el momento en que se necesita urgentemente.

c) Solicitar la revocación inmediata del certificado si se sospecha que la clave privada o el PIN han sido comprometidos.

d) Almacenar la clave privada exportada en un archivo de texto sin cifrar.

20. A diferencia de Portafirmas, ¿cuál es la principal característica de la aplicación de escritorio Autofirma, distribuida por la Administración Pública?

a) Se orienta a la gestión de flujos de trabajo en una organización y en trámites puntuales de sedes electrónicas

b) Permite la firma electrónica cualificada solo mediante Cl@ve Firma.

c) Está diseñada para la firma individual de documentos almacenados en el equipo del usuario o en trámites puntuales de sedes electrónicas.

d) Su función principal es la renovación automática de los certificados de la FNMT.

En MADTEST tienes **más preguntas de este tema**, y todos tus avances quedan registrados y se reflejan en el ranking.

¡Supera tus límites con MADTEST!

Solución al test n.º 3

1. a) Garantizar la confidencialidad de los datos durante su almacenamiento o transmisión.

2. d) Su clave privada, que debe mantenerse secreta por su titular.

3. c) Identificar al firmante y vincularlo con un documento, utilizando medios digitales.

4. b) Firma electrónica cualificada, ya que se basa en un certificado cualificado y un dispositivo cualificado de creación de firma.

5. d) La integridad del documento, al detectar cualquier modificación posterior a la firma.

6. c) Debe estar vinculada al documento de forma única, permitiendo detectar cualquier modificación de los datos firmados.

7. c) La clave privada asociada a la clave pública.

8. d) Actúa como Autoridad de Certificación (AC), emitiendo certificados de persona física y de entidades.

9. b) Revocado.

10. d) Disponer de un lector de tarjetas inteligentes, el software/drivers adecuados y conocer el PIN del DNIe.

11. c) Certificado de autenticación para identificación y Certificado de firma para generar firmas electrónicas.

12. d) Cifrada y protegida con una contraseña robusta.

13. c) Proporcionar un sistema común y unificado de identificación, autenticación y firma electrónica para acceder a servicios públicos.

14. a) Cl@ve PIN, orientada a usuarios que acceden de forma ocasional a los servicios.

15. c) En la nube, basándose en la identidad del usuario en el sistema Cl@ve, sin que el certificado esté instalado en su equipo.

16. b) Acreditación de la identidad del ciudadano, normalmente personándose en una oficina de registro.

17. c) El PIN puede quedar bloqueado, siendo necesario gestionarlo en Puntos de Actualización del DNIe.

18. b) Portafirmas (o herramientas equivalentes), que gestionan la bandeja de documentos pendientes y registran la traza de las actuaciones.

19. c) Solicitar la revocación inmediata del certificado si se sospecha que la clave privada o el PIN han sido comprometidos.

20. c) Está diseñada para la firma individual de documentos almacenados en el equipo del usuario o en trámites puntuales de sedes electrónicas.

TEST N.º 4

PROCESADOR DE TEXTOS WORD 2016

1. ¿Cómo se llama el Tipo de Letra usada en un documento?

a) Formato de Fuente.
b) Fuente.
c) Ambas son correctas.
d) Ninguna es correcta.

2. En el grupo Fuente, el botón de subíndice:

a) Alza el texto seleccionado por debajo de la línea de base.
b) Desciende el texto seleccionado sobre la línea de base.
c) Ambas son correctas.
d) Ninguna es correcta.

3. En un proceso de combinar correspondencia de Word 2016:

a) Podemos insertar campos de una base de datos.
b) Podemos filtrar datos de una base de datos.
c) Ambas son correctas.
d) Ninguna es correcta.

4. Si hacemos clic en el color de Fuente Automático:

a) Se aplica el color definido en el Panel de Control de Windows.
b) Aplica color Negro.
c) Ambas son correctas.
d) Ninguna es correcta.

5. Selecciona el tipo de subrayados correcto:

a) Subrayado Onda Grueso.
b) Subrayado Onda Doble.
c) Ambas son correctas.
d) Ninguna es correcta.

6. En la lista desplegable de Escala, ¿se puede expandir o comprimir el texto entre qué porcentajes?

a) 1 a 1000.
b) 1 a 600.
c) 1 a 450.
d) Ninguna es correcta.

7. La alineación es un comando de Word 2016 que afecta a:

a) La selección de texto.
b) La dirección del texto.
c) Ambas son correctas.
d) Ninguna es correcta.

8. En un proceso de combinar correspondencia de Word 2016 necesitamos:

a) Una base de datos u origen de datos.
b) Un formulario de entrada de campos.
c) Ambas son correctas.
d) Ninguna es correcta.

9. Un estilo de Word 2016 es un conjunto de características de formato:

a) Que se puede aplicar al texto de un documento.
b) Que se puede aplicar a la imagen de un documento.
c) Ambas son correctas.
d) Ninguna es correcta.

10. La combinación de teclas para la alineación centrada es:

a) CTRL + T.
b) CTRL + Q.
c) CTRL + J.
d) Ninguna es correcta.
11. El interlineado se puede definir como:

a) El espacio que hay entre los párrafos de un documento.
b) El espacio que hay entre los caracteres de un párrafo.
c) El espacio que hay entre los párrafos seleccionados.
d) Ninguna es correcta.

12. El botón Borrar Formato:

a) Deja el texto sin formato.
b) Borra todo el Formato de la selección.

c) Ambas son correctas.
d) Ninguna es correcta.

13. Los sangrados en Word 2016:

a) Definen el límite izquierdo de los párrafos de un documento.
b) Definen el límite derecho de los párrafos de un documento.
c) Ambas son correctas.
d) Ninguna es correcta.

14. La sangría francesa:

a) Controla el límite izquierdo de todas las líneas del párrafo menos la segunda.
b) Controla el límite izquierdo de todas las líneas del párrafo menos la última.
c) Controla el límite izquierdo de todas las líneas del párrafo menos la primera.
d) Ninguna es correcta.

15. Para disminuir un nivel en una lista Multinivel de Word 2016 pulsamos:

a) Mayúsculas + Control.
b) Mayúsculas + Ins.
c) Mayúsculas + L.
d) Ninguna es correcta.

16. ¿Cuántas listas desplegables hay en el cuadro de diálogo de Fuente?

a) 4.
b) 3.
c) 6.
d) Ninguna es correcta.

17. La carta modelo en un proceso de combinar correspondencia de Word 2016:

a) Incluirá el texto que no varía.
b) Tendrá la tabla de datos para combinar.
c) Ambas son correctas.
d) Ninguna es correcta.

18. En un proceso de combinar correspondencia de Word 2016 se usan:

a) Cartas y Sobres.
b) Mensajes de correo electrónico.
c) Ambas son correctas.
d) Ninguna es correcta.

19. Un estilo de Word 2016 puede ser:

a) De párrafo, carácter, imagen y tabla.
b) De párrafo, carácter, imagen y lista.
c) De párrafo, carácter, lista y tabla.
d) Ninguna es correcta.

20. La biblioteca de viñetas es:

a) El conjunto de viñetas usadas en el documento actual.
b) El conjunto de viñetas disponibles para usar.
c) El conjunto de viñetas de tipo párrafo.
d) Ninguna es correcta.

En MADTEST tienes **más preguntas de este tema**, y todos tus avances quedan registrados y se reflejan en el ranking.

¡Supera tus límites con MADTEST!

Solución al test n.º 4

1. b) Fuente.

2. d) Ninguna es correcta.

3. c) Ambas son correctas.

4. a) Se aplica el color definido en el Panel de Control de Windows.

5. a) Subrayado Onda Grueso.

6. b) 1 a 600.

7. d) Ninguna es correcta.

8. a) Una base de datos u origen de datos.

9. a) Que se puede aplicar al texto de un documento.

10. a) CTRL + T.

11. d) Ninguna es correcta.

12. c) Ambas son correctas.

13. c) Ambas son correctas.

14. c) Controla el límite izquierdo de todas las líneas del párrafo menos la primera.

15. d) Ninguna es correcta.

16. b) 3.

17. a) Incluirá el texto que no varía.

18. c) Ambas son correctas.

19. c) De párrafo, carácter, lista y tabla.

20. b) El conjunto de viñetas disponibles para usar.

TEST N.º 5

OUTLOOK 365

1. Di cuál es una dirección de correo válida en el Outlook 365:

a) persona@proveedorcom
b) www.proveedor.com
c) persona.proveedor.com
d) cta@cts.es.

2. La parte de la izquierda de una dirección de correo electrónico en la versión Outlook 365 se denomina:

a) Dominio.
b) Organización.
c) Dominio de organización.
d) Nombre de Usuario.

3. ¿Cuál de las siguientes combinaciones de teclas es la que está asociada a "Responder a todos"?

a) Ctrl + R
b) Ctrl + Mayús+ R
c) Ctrl + F
d) Ctrl + U

4. Los clientes de correo POP:

a) Tienen que estar conectados todo el tiempo.
b) Los mensajes se descargan de golpe si están disponibles.
c) Los mensajes se descargan parcialmente aun sin estar disponibles.
d) Tienen que estar conectados a intervalos de 15'.

5. ¿Qué es un Hoax?

a) Un Bulo o Noticia falsa.
b) Suplantación de identidad.
c) Un virus.
d) Un error de configuración en el navegador.

6. El protocolo SMTP:

a) Permite recibir mensajes.
b) Permite enviar mensajes.
c) Permite enviar y recibir mensajes.
d) No es un protocolo.

7. Cuando un usuario envía un correo:

a) El mensaje se dirige primero hasta el buzón de correo de su proveedor de internet.
b) El mensaje se dirige primero hasta el buzón de correo del proveedor de internet del destinatario.
c) El mensaje se dirige primero hasta el buzón de correo del proveedor de internet del destinatario si es de tipo POP.
d) El mensaje se dirige primero hasta el buzón de correo del proveedor de internet del destinatario si es de tipo SMTP.

8. En Microsoft Outlook se pueden configurar:

a) Correos gratuitos.
b) Correos de proveedor de pago.
c) Tanto correos gratuitos como de proveedores de pago.
d) Correos de proveedor de pago, pero con licencia empresarial.

9. ¿Cuál de las siguientes expresiones no es correcta?

a) Los destinatarios incluidos en un campo CCO pueden recibir el correo y ver el resto de los destinatarios incluidos en los campos Para y CC, así como responderles.
b) Los destinatarios incluidos en un campo CCO no pueden ver a otros posibles destinatarios del campo CCO.
c) Ningún destinatario, independientemente del campo donde se encuentre, tendrá constancia de alguna dirección de correo electrónico incluida en CCO.
d) Solo los destinatarios del campo PARA podrán saber qué personas han recibido el mensaje en copia oculta.

10. La carpeta de correo no deseado o Spam contiene:

a) Correos recibidos con origen desconocido.
b) Correos enviados con destino sospechoso.

c) Correos recibidos o enviados con origen desconocido.

d) Correos enviados con destino sospechoso de los últimos 30 días.

11. Al pulsar la opción de imprimir de la ficha archivo, en Outlook, podemos elegir en la configuración entre "tabla" o "memorando"; ¿qué diferencia existe entre ambas opciones?

a) Tabla imprime la lista de correos y Memorando el correo seleccionado.

b) Tabla imprime el correo seleccionado y Memorando la lista de correos.

c) Tabla imprime el correo seleccionado y Memorando permite modificar la configuración de la impresión.

d) Tabla imprime el correo seleccionado en formato tabular y Memorando solo el asunto.

12. La opción "Responder a todos":

a) Responde al remitente y a los usuarios de la lista de contactos seleccionados previamente.

b) Responde al remitente y al resto de usuarios que estén en el mensaje.

c) Responde al remitente y solo a los usuarios del mensaje que estén en el CC.

d) Responde al remitente y solo a los usuarios del mensaje que estén en el "Para".

13. Los destinatarios del campo CC:

a) No son visibles para los del campo CCO.

b) Solo son visibles para los del campo PARA.

c) Solo son visibles para los del campo CC.

d) Son visibles para todos los destinatarios.

14. La parte del entorno que permite ver una vista previa del correo seleccionado se llama:

a) Panel de lectura.

b) Visor de lectura.

c) Vista de lectura.

d) Panel de Vista.

15. Al reenviar un mensaje en el asunto aparecerá:

a) RE:

b) RW:

c) RS:

d) RV:

16. Las reglas pueden aplicarse:

a) Solo para mensajes que se reciban.

b) Solo para mensajes que se envían.

c) Para mensajes que se envían o reciben.
d) Solo para mensajes que se envían de un determinado remitente.

17. La extensión de los archivos de archivado de mensajes en Outlook 365 es:

a) PST.
b) PTS.
c) PAT.
d) ICS.

18. La pestaña de ENVIAR y RECIBIR, solo aparece visible en el Outlook 365:

a) Cuando estamos redactando un correo nuevo.
b) Cuando estamos dentro de la opción de correo.
c) Cuando tenemos marcado un correo de la bandeja de salida.
d) Ninguna es correcta.

19. Al usar la opción de RESPONDER a TODOS en el Outlook 365:

a) No podemos usar el CCO.
b) Solo podemos usar el PARA y el CCO.
c) Podemos usar PARA, CC y CCO.
d) Ninguna es correcta.

20. La longitud máxima de una dirección de correo electrónica es de:

a) 400.
b) 250.
c) 254.
d) 350.

En MADTEST tienes **más preguntas de este tema**, y todos tus avances quedan registrados y se reflejan en el ranking.

¡Supera tus límites con MADTEST!

Solución al test n.º 5

1. d) cta@cts.es.

2. d) Nombre de Usuario.

3. b) Ctrl + Mayús+ R

4. b) Los mensajes se descargan de golpe si están disponibles.

5. a) Un Bulo o Noticia falsa.

6. b) Permite enviar mensajes.

7. a) El mensaje se dirige primero hasta el buzón de correo de su proveedor de internet.

8. c) Tanto correos gratuitos como de proveedores de pago.

9. d) Solo los destinatarios del campo PARA podrán saber qué personas han recibido el mensaje en copia oculta.

10. a) Correos recibidos con origen desconocido.

11. a) Tabla imprime la lista de correos y Memorando el correo seleccionado.

12. b) Responde al remitente y al resto de usuarios que estén en el mensaje.

13. d) Son visibles para todos los destinatarios.

14. a) Panel de lectura.

15. d) RV:

16. c) Para mensajes que se envían o reciben.

17. a) PST.

18. b) Cuando estamos dentro de la opción de correo.

19. c) Podemos usar PARA, CC y CCO.

20. c) 254.

Cómo acceder al Curso

Cuerpo de Auxiliares Administrativos
Test del temario

El uso de los códigos **es exclusivo de los compradores de los productos de Editorial MAD**. Cada producto posee un código único y de un solo uso. Es personal e intransferible y da acceso a servicios y contenidos adicionales. Editorial MAD se reserva el derecho de hacer cuantas comprobaciones sean necesarias para identificar al legítimo poseedor del código y dejar de dar servicio a quien haga uso fraudulento del mismo, además de emprender cuantas acciones legales estime oportunas según la legislación vigente.

Deberás acceder a:

mad.es/registro-campus

Si una vez aceptadas las condiciones de uso del Campus decides hacer uso del mismo, necesitarás del siguiente código de acceso junto con los códigos del resto de títulos que se exigen (si fuera el caso):

1VBNJYUPFH